城市轨道交通建设工程盾构法施工技术指南

主　编　韩佳彤
副主编　汤国毅　王志勇　韩德福

北京理工大学出版社
BEIJING INSTITUTE OF TECHNOLOGY PRESS

内 容 提 要

本指南由14章组成，分别是总则、术语、基本规定、盾构法施工概述、施工准备、盾构施工测量、盾构选型的原则、盾构隧道竖井施工、盾构掘进施工、管片拼装、壁后注浆、隧道防水、施工安全与环境保护、施工资料整理和验收。

本指南适合作为建设行业相关管理人员及从业人员的指导性参考用书，也可作为相关企业及培训机构的业务培训资料。

图书在版编目（CIP）数据

城市轨道交通建设工程盾构法施工技术指南 / 韩佳彤主编. —北京：北京理工大学出版社，2020. 7

ISBN 978-7-5682-8659-6

Ⅰ. ①城… Ⅱ. ①韩… Ⅲ. ①城市铁路—铁路施工—盾构法—指南 Ⅳ. ①U239. 5-62

中国版本图书馆CIP数据核字（2020）第120140号

出版发行 / 北京理工大学出版社有限责任公司
社　　址 / 北京市海淀区中关村南大街5号
邮　　编 / 100081
电　　话 / （010）68914775（总编室）
（010）82562903（教材售后服务热线）
（010）68948351（其他图书服务热线）
网　　址 / http://www.bitpress.com.cn
经　　销 / 全国各地新华书店
印　　刷 / 天津久佳雅创印刷有限公司
开　　本 / 710毫米×1000毫米 1/16
印　　张 / 10
字　　数 / 200千字
版　　次 / 2020年7月第1版 2020年7月第1次印刷
定　　价 / 56.00元

责任编辑 / 孟祥雪
文案编辑 / 孟祥雪
责任校对 / 周瑞红
责任印制 / 边心超

主编简介

韩佳彤，男，1970年3月生，蒙古族，教授、工学博士，正高级工程师、专业技术二级，知名交通与市政工程专家、桥梁设计大师。现任呼和浩特市市政工程技术服务中心党总支书记、主任兼市住建局科技委主任，同心德市政工程设计公司总工程师兼地铁项目总设计师，二环快速路智能交通与监控集成系统总设计师。兼任内蒙古工业大学土木工程学院兼职教授，内蒙古建筑职业技术学院交通与市政工程学院特聘教授。教育部市政工程技术专业教育教学指导委员会委员，内蒙古自治区建筑工程系列高级专业技术资格评审委员会主任委员，呼和浩特市专业技术资格评审委员会主任委员。系呼市住建系统唯一享受国务院特殊津贴的首席专家，入选“新世纪百千万人才工程”国家级人选、“内蒙古少数民族专业技术人才特殊培养对象”和“内蒙古高层次人才培养对象”。2017年，当选党的十九大代表，作为自治区科技界唯一代表出席大会。

长期致力于城市智能交通监测、工程安全风险管理体系建设与信息系统设计与研究工作，主持工程设计施工230余项，主编自治区级工程建设规范标准10余项，取得自治区级科学技术成果10余项，获得国家发明专利50余项、软件著作权10余项，在国内外核心期刊发表论文10余篇。由自治区总工会授予的“韩佳彤劳模创新工作室”已为国家培养专业技术人员300多人、农牧民工1 000多人。曾获“内蒙古五一劳动奖章”“内蒙古突出贡献专家”“内蒙古杰出人才奖”“北疆工匠”“草原英才”“北疆楷模”“内蒙古最有成就的优秀科技工作者”“内蒙古最美科技工作者”“第七届感动内蒙古人物”“全国民族团结进步模范个人”“国家有突出贡献的中青年专家”“全国住建系统先进工作者”等荣誉称号。

编审委员会主任简介

石东升，男，1971 年 12 月生，工学博士，内蒙古工业大学教授，国家一级注册结构工程师，2015 年入选内蒙古自治区“草原英才”。主要研究领域：工程结构安全监测与评估，新型混凝土结构及预应力结构，低环境负荷建筑材料。主持包括国家自然科学基金在内的多项科研项目，在国内外重要期刊发表文章 60 多篇，出版专著 2 部，参编国家标准 1 部，主编地方标准 1 部，获得专利及软件著作权 12 项。

序

PREFACE

随着国家西部大开发和东北振兴战略持续推进，新型城镇化和区域协调发展不断加快，区域经济一体化、城乡一体化进程对城市发展提出了更高要求。市政基础设施建设是城市可持续发展的基础，而城市轨道交通作为一种城市绿色出行的基础设施，是拓展城市发展空间和新型生态城市建设的重要组成部分。

内蒙古自治区地处祖国北部边疆，与西部、东北省份相邻，与京、津、冀经济圈相接，发展动能大。为了解决内蒙古自治区城市轨道交通建设工程领域技术不足、人才短缺等实际问题，呼和浩特市市政工程技术服务中心在自治区、住建厅、交通厅、呼和浩特市市政府、呼和浩特市住建局、呼和浩特市交通局等相关部门关心、指导和支持下，联合内蒙古工业大学、呼和浩特市城市轨道交通建设管理有限责任公司等单位一起编制了本套丛书，作为该领域人才培养、工程技术人员学习提升的参考资料，也可作为大专院校相关专业学生课外辅助用书。

城市轨道交通建设工程技术涵盖面广，涵盖工程勘察、设计、施工、验收全过程，本次编写的系列丛书主要包括“工程勘察”“设计技术要求与编制管理”“盾构法施工技术”“明挖法施工技术”“矿山法施工技术”“盖挖法关键技术及工程应用”“环境风险管理”“质量验收”8个方面内容。

“工程勘察”主要包含轨道交通工程勘察基本规定，岩土分类、描述与围岩分级，规划勘察与可行性研究勘察，初步勘察，详细勘察，施工勘察，专项勘察与周边环境专项调查，不良地质作用与地质灾害，地下水，勘探取样与原位测试，岩土工程分析评价与勘察报告，勘察风险控制，勘察安全基本规定，特殊作业条件勘察安全等内容。

“设计技术要求与编制管理”主要包含设计技术要求、初步设计文件编制、施工图设计文件编制等内容。

“盾构法施工技术”主要包含盾构法施工准备、盾构施工测量、盾构选型的原则、盾构隧道竖井施工、盾构掘进施工、管片拼装、壁后注浆、隧道防水、施工安全与环境保护、施工资料整理和验收等内容。

“明挖法施工技术”主要包含明挖法施工准备、支护结构施工、土方开挖及支撑体系施工、结构防水施工、主体结构施工、监控量测、质量保证措施、安全管理及保证措施、文明施工措施、环境保护措施、雨期施工措施、突发事件处理及应急预案等内容。

“矿山法施工技术”主要包含矿山法施工准备，施工方法，辅助施工措施，隧道开挖，初期支护，二次衬砌，结构防水，施工竖井及横通道，特殊岩土和不良地质地段隧道施工，监控量测，施工机械与设备，通风防尘、风水电供应与通信系统，施工安全、文明施工与环境保护，建筑物保护等内容。

“盖挖法关键技术及工程应用”主要包含盖挖法支护体系，盖板体系，地上地下结构同步施工，土石方开挖与运输，基坑降水，结构施工，基坑开挖，防水施工，隧道注浆，施工监测，施工测量控制与质量要求，监控量测，防尘、通风、水电供应与通信系统等内容。

“环境风险管理”主要包含环境风险管理组织机构及各方职责、工程环境调查的安全风险技术管理、方案设计阶段的环境风险管理、初步设计阶段的环境风险管理、施工图设计阶段的环境风险管理、施工阶段的环境风险管理、工后阶段的环境风险管理等内容。

“质量验收”主要包含工程质量验收的划分、工程质量验收的条件、工程质量验收的程序及组织、工程项目交接及附则等内容。

本套丛书编写组人员都在城市轨道交通建设工程一线从事相关专业技术和管理工作。本套丛书在国家相关法律法规和技术规范框架下，在总结相关技术和实践经验的基础上，充分考虑到内蒙古地区现有的施工技术水平和今后的发展方向，并经过广泛调研和研究，吸取和借鉴了部分国内外标准，部分内容引入了一些现场照片和实际工程图表示例，力求能把技术问题讲清楚，也期待广大技术人员能对丛书内容进一步完善并提供相关素材。

本套丛书编写过程中得到了业务主管部门、行业协会、大专院校、相关企事业单位和相关领域专家学者的大力支持，在此表示衷心的感谢。由于时间紧迫，加之水平有限，本套丛书中还存在不足之处，恳请广大读者朋友批评指正。

前言

FOREWORD

内蒙古自治区地貌类型多样，地质条件复杂，在进行地铁隧道施工时，比较适合采用盾构法。盾构法是一种全机械化施工方法。为结合内蒙古自治区的地区特点，更好地指导盾构法施工的开展，有必要编写一本专业的施工技术指南进行指导。

为了反映和总结内蒙古自治区城市轨道交通建设工程中盾构法的技术水平、研究成果和成功经验，根据内蒙古地区城市轨道交通建设工程中地铁隧道的实际特点，通过总结内蒙古自治区轨道交通建设工程盾构法的已有技术水平，经广泛调查研究，认真总结实践经验，以多种形式在全省范围内广泛征求勘察、设计、施工、科研、教学、建设及管理部门的意见，经反复讨论、修改，基于《盾构法隧道施工及验收规范》（GB 50446—2017）等有关标准，完成了本指南的编制。

本指南由 14 章组成，分别是总则、术语、基本规定、盾构法施工概述、施工准备、盾构施工测量、盾构选型的原则、盾构隧道竖井施工、盾构掘进施工、管片拼装、壁后注浆、隧道防水、施工安全与环境保护、施工资料整理和验收。

本指南由建设主管单位负责管理和对强制性条文的解释，由主编单位负责具体技术内容的解释。各单位在执行本指南的过程中，还应严格遵守现行国家、行业和内蒙古自治区有关法律、法规、政策规定和工程建设标准的有关规定。由于编者水平有限，本指南中难免存在不足之处，恳请广大读者批评指正。部分图片来自网络资源，向原作者一并致谢。

编　者

目录

CONTENTS

1 总则

1.0.1 为加强内蒙古自治区城市轨道交通建设中盾构掘进施工技术管理，确保施工过程的工程安全、环境安全和工程质量，满足技术先进、安全可靠、经济合理的要求，特制定本指南。

1.0.2 本指南适用于内蒙古地区城市新建、改建轨道交通工程采用盾构法隧道工程的施工。

1.0.3 盾构法轨道交通建设工程的承包合同和施工组织设计、监理合同与工作大纲中均应严格执行本指南的规定，对施工与质量要求不应低于本指南的规定。

1.0.4 本指南所指的盾构包括土压平衡盾构、泥水平衡盾构和复合盾构等。

1.0.5 盾构法轨道交通建设工程施工期间，应对邻近建（构）筑物、地下管网等进行监测；对重要或有特殊保护要求的建（构）筑物，应根据需要采取必要的技术措施。

1.0.6 地铁工程盾构法隧道施工除执行本指南外，还应同时满足国家、地方相关技术标准、规范的规定。

2 术语

2.0.1 盾构 shield machine。

其是指盾构掘进机的简称，是在钢壳体保护下完成隧道掘进、拼装作业，由主机和后配套组成的机电一体化设备。

2.0.2 盾构工作井 shield work shaft。

其是指盾构组装、拆卸、吊运管片和出渣土等使用的工作井，包括盾构始发工作井、盾构接收工作井、中间井。

2.0.3 盾构始发 shield launching。

其是指盾构开始掘进的施工过程。

2.0.4 盾构接收 shield arrival。

其是指盾构到达接收位置的施工过程。

2.0.5 盾构基座 shield cradle。

其是指用于保持盾构始发、接收等姿态的支撑装置。

2.0.6 负环管片 temporary segment。

其是指为盾构始发掘进传递推力的临时管片。

2.0.7 反力架 reaction frame。

其是指为盾构始发掘进提供反力的支撑装置。

2.0.8 管片 segment。

其是指隧道预制衬砌环的基本单元，管片的类型有钢筋混凝土管片、纤维混凝土管片、钢管片、铸铁管片、复合管片等。

2.0.9 开模 mould loosening。

其是指打开管片模板的过程。

2.0.10 出模 demoulding。

其是指管片脱离模具的过程。

2.0.11 防水密封条 sealing gasket。

其是指用于管片之间保证隧道防水的密封材料。

2.0.12 壁后注浆 back-fill grouting。

其是指隧道衬砌环与地层之间空隙的施工工艺。

2.0.13 铰接式盾构 articulation shield。

把盾构支撑环和盾尾壳体分为前后两部分，采用方向控制液压千斤顶联结，前后壳体可做相对转动，称为铰接式盾构。

2.0.14 盾构调头 shield u-turn。

其是指盾构施工完一条隧道到达竖井后调转掘进另一条隧道的过程。

2.0.15 盾构过站 station-crossing。

其是指盾构通过地铁车站的方法，一般是利用专用设备把盾构拖拉或顶推通过车站的过程；当无条件先建车站时，盾构隧道先施工后拆除衬砌管片再施工车站的过程。

2.0.16 小半径曲线 curve in small radius。

其是指地铁隧道平面曲线半径小于 300 m、其他隧道小于 40 *D*（*D* 为盾构外径）的曲线。

2.0.17 大坡度 big gradient。

其是指隧道坡度大于 30‰。

2.0.18 姿态 position and stance。

其是指盾构的空间状态，通常采用横向偏差、竖向偏差、俯仰角、方位角、滚转角和切口里程等数据描述。

2.0.19 椭圆度 ovality。

其是指圆形隧道管片衬砌拼装成环后最大与最小直径的差值。

2.0.20 错台 faulting of slab ends。

其是指成型隧道相邻管片接缝处的高差。

3 基本规定

3.0.1 盾构法隧道施工应执行相应的施工技术标准；质量管理应有健全的质量管理体系、质量控制和检验制度。

3.0.2 盾构的类型和技术性能应满足工程地质和水文地质条件、线路条件、环境安全和隧道结构设计要求。

3.0.3 盾构法隧道施工现场必须有足够的场地，满足工作井、龙门吊、管片存放、浆液站、泥水处理设施、材料、渣土堆放、充电间、供配电站、控制室、库房等生产设施用地要求。

3.0.4 盾构法隧道施工时，必须采取有效的技术和监控量测措施，控制地表变形，保证地下管网和邻近建（构）筑物的安全。

3.0.5 盾构法隧道施工使用的管片质量必须符合设计和本指南的要求。

3.0.6 管片拼装连接螺栓紧固件、防水密封条的规格、质量应符合设计要求。

3.0.7 盾构法隧道施工时必须严格监控盾构姿态，保证隧道轴线精度在本指南允许的偏差范围内。

3.0.8 盾构法隧道施工时，必须保证管片拼装质量在本指南允许偏差范围之内。

3.0.9 盾构隧道防水必须满足设计和国家现行相关规范的要求。

3.0.10 盾构法隧道施工必须采取安全措施，确保施工人员和设备安全。

3.0.11 盾构法隧道施工必须采取必要的环境保护措施。

3.0.12 质量合格应符合下列规定：

1）主控项目的质量 100% 合格；

2）一般项目的质量 95% 合格；

3）具有完备的施工操作依据和质量验收记录。

4 盾构法施工概述

4.1 盾构法施工简介

盾构的英文名称为“shield machine”，是一种用于隧道暗挖施工，具有金属外壳，壳内装有整机及辅助设备，在其掩护下进行土体开挖、土渣排运、整机推进和管片安装等作业，而使隧道一次成型的机械。

盾构是一种隧道掘进的专用工程机械，现代盾构集机、电、液、传感、信息技术于一体，具有开挖切削土体、输送土渣、拼装隧道衬砌、测量导向纠偏等功能。盾构已广泛用于地铁、铁路、公路、市政、水电隧道工程。

盾构的工作原理就是一个钢结构组件沿隧道轴线边向前推进边对土壤进行挖掘。这个钢结构组件的壳体称“盾壳”，盾壳对挖掘出的还未衬砌的隧道段起着临时支护的作用，承受周围土层的土压、地下水的水压，将地下水挡在盾壳外面。掘进、排土、衬砌等作业在盾壳的掩护下进行。开挖面的稳定方法是盾构工作原理的主要方面，也是盾构区别于岩石掘进机的主要方面。岩石掘进机国内一般称为TBM。TBM是“Tunnel Boring Machine”的缩写，通常定义中TBM是指全断面岩石隧道掘进机，以岩石地层为掘进对象。岩石掘进机与盾构的主要区别就是不具备承受泥水压、土压等维护掌子面稳定的功能，而盾构施工主要由稳定开挖面、掘进及排土、管片衬砌及壁后注浆三大要素组成（图 4.1.1）。

图 4.1.1　盾构掘进设备

4.2　盾构法的主要技术特点

盾构法施工是在闹市区和水底的软弱地层中修建地下工程较好的施工方法。近年来，盾构机械设备和施工工艺不断发展，使其适应复杂工程地质和水文地质条件的能力大为提高。盾构法施工对城市地下空间的利用起到了有力的技术支持作用。其施工优点有：

1）地面作业很少（除竖井外），隐蔽性好，因噪声、振动引起的环境影响小；

2）隧道施工的费用和技术难度基本不受覆土深度的影响，适合建造深埋隧道；

3）穿越河底或海底时，不影响通航，也不受气候的影响；

4）穿越地面建筑群和地下管线密集的区域时，对周围环境影响较小；

5）盾构推进、出土、拼装衬砌等主要工序循环进行，易于管理，施工人员较少。

盾构法施工存在的缺点有：

1）施工设备费用较高；

2）覆土较浅时，地表沉降较难控制；

3）施作小曲率半径隧道时掘进较困难等。

盾构法施工总体施工流程如图 4.2.1-1 所示，盾构机施工图示如图 4.2.1-2 所示。

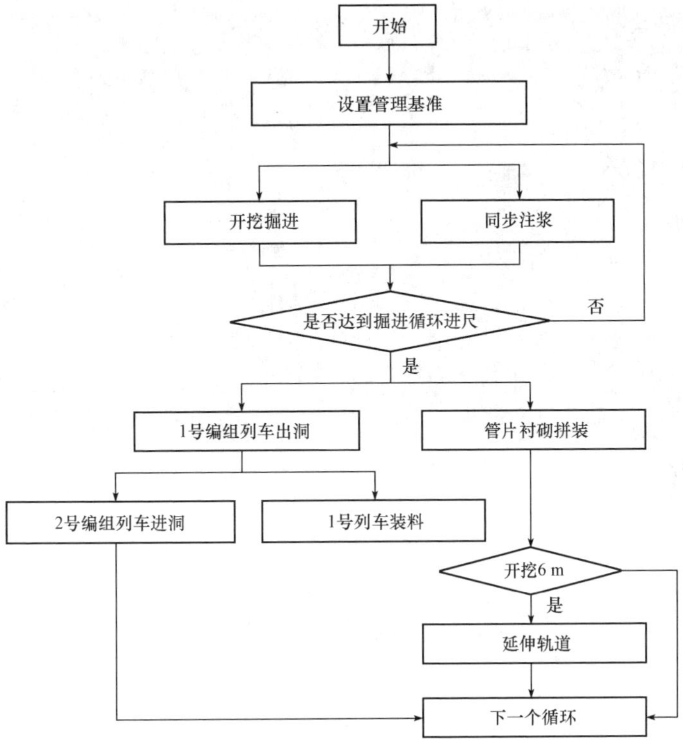

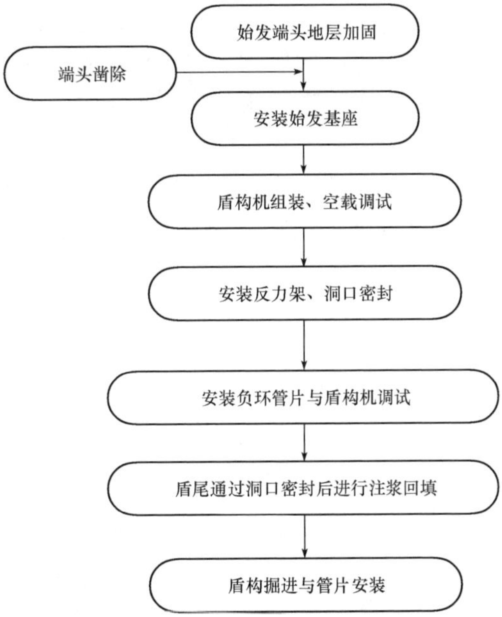

图 4.2.1-1　盾构法施工总体施工流程

图 4.2.1-2　盾构机施工图示

4.3　盾构法的发展

盾构法开挖面稳定技术从压气施工法的“气”演变到泥水式的“水”和土压式的“土”。“开挖面稳定”和“盾构开挖”的技术已达到较完善的程度。目前盾构一般指密封式的泥水式盾构和土压式盾构。泥土加压式盾构因具备用地面积小、适用土质广、残土容易处理等优点，在建筑物密集的市区，使用数量正逐年增加。从世界范围来看，盾构法隧道施工技术正在朝长距离、大直径、大埋深、复杂断面和高度自动化的方向发展，在这些方面处于领先地位的是日本和欧洲。目前，盾构技术的发展动向是：开发超大断面的盾构和 MF（多工作面）盾构、DOT（双圆）盾构等多断面盾构，加上在衬砌和开挖方面采用 ECL 施工法的技术，采用管片自动组装装置的省力化，以及采用自动测量技术进行开挖控制，用计算机进行各种施工管理从而实现管理系统化等的开发研究，为提高盾构法施工的安全性、可施工性和经济性展示了更加广阔的应用前景。

5 施工准备

5.1 一般规定

5.1.1 隧道施工前，必须具备下列资料：

1）工程地质和水文地质勘察报告；

2）施工沿线的环境、地下管线和障碍物等的调查报告；

3）施工所需的设计图纸资料和工程技术要求文件；

4）工程施工有关合同文件。

5.1.2 工程所使用的原材料、半成品和成品的质量，除应符合本指南规定外，还应符合设计要求和国家现行相关标准的规定。

5.1.3 净距小的两条隧道包括邻近既有隧道的施工，应采取适当措施减小施工的相互影响，保证隧道施工及结构安全。

5.1.4 盾构掘进施工必须建立施工测量和监控量测系统。

5.1.5 应根据隧道所处的工程地质和水文地质条件、隧道线路条件和结构设计条件、环境保护要求等进行盾构选型、设计和制造。

5.1.6 盾构掘进施工前，应完成下列主要工作：

1）记录各工作井井位里程及坐标；

2）记录洞口钢圈制作精度和安装后的标高、坐标；

3）进行盾构组装、调试与验收；

4）盾构基座、负环管片和反力架等设施及定向测量数据的检查验收；

5）准备预制管片；

6）准备盾构掘进施工的各类报表。

5.1.7 盾构掘进施工所需的顶部最小覆土层厚度不宜小于盾构外径。

5.1.8　平行施工的隧道相邻间的净距不宜小于盾构外径，施工中还应按盾构掘进后相隔一定的安全距离要求执行。

5.1.9　设置盾构工作竖井时，必须满足盾构相关作业的要求。

5.1.10　盾构机选型和功能应满足隧道施工所处的地质条件和环境安全要求。

5.2　前期调查

5.2.1　必须详细了解施工段的工程地质和水文地质情况，必要时进行补充地质勘察。具体应具备下列资料：

1）工程地质和水文地质勘察报告；

2）施工沿线的环境、构筑物、地下管线和障碍物等的调查报告；

（1）环境保护调查。隧道施工前应对工程环境保护的内容和方法进行调查研究，调查范围视具体工程情况而定。

（2）地表、地貌及地面建（构）筑物调查。隧道施工前应对地表、地貌及地面建（构）筑物进行现场踏勘和调查研究，调查道路和交通流量、地面建（构）筑物及文物等，调查范围视具体工程情况而定，必要时可对施工影响范围内的重要建（构）筑物进行详细调查和鉴定。

（3）地下管线和地下构筑物调查研究。调查地下障碍物、地下构筑物及地下管线等，调查范围视具体工程情况而定，必要时可进行物探和施工详勘。

3）施工所需的设计图纸资料和工程技术要求文件；

4）工程施工合同文件、分包合同文件和监理合同文件；

5）隧道工程施工组织设计和风险应急救援预案。

5.2.2　前期工程勘察除应符合有关规定外，还应满足下列特殊要求：

1）工程勘察的勘探孔位置（图 5.2.2），应以离隧道外 3 m 为宜；勘探孔勘探后应做好回填封孔工作；所有勘探孔均不得布置在隧道、联络通道等永久结构的空间范围内。

2）对于地层变化小、地质较稳定的地段，勘探孔间距宜为 50 m；而对地质条件复杂、地层变化较大的地段，应合理加密勘探点，其勘探孔间距不宜大于 25 m。

3）对盾构进出洞和联络通道处应作控制勘探孔。

4）提供地下水水位的变化、渗透系数、地下水的化学成分等资料。

5）室内土工试验项目除常规要求外，还应提供颗粒分析的不均匀系数 d_{60}/d_{10} 及 d_{70}。

6）必要时应提供土的基床系数等参数。

图 5.2.2　勘探孔位置

5.3 施工组织设计

5.3.1　项目实施前，应按照建设项目的工期要求和投资计划，有计划地合理组织和安排好工期、施工方案、施工方法，并提出劳动力、材料、机具设备等生产资源的合理配置。

5.3.2　施工组织设计中的施工方案、进度计划和现场平面布置，宜在多方案的基础上，经过技术、经济、工期的比较后，择优确定。

5.3.3　施工组织设计应以下列内容为依据：

1）国家标准《建设工程项目管理规范》（GB/T 50326—2017）中项目管理实施规划的要求；

2）建设工程项目的招标文件及合同文件；

3）设计文件，现行的相关国家标准、行业标准及企业标准等；

4）调查资料，如气象、交通运输情况、当地建筑材料分布、临时辅助设施的修建条件，以及水、电、通信等情况；

5）工程建设法律、法规和有关规定文件；

6）企业的质量管理、环境管理和职业健康安全管理等体系文件；

7）设计单位技术交底纪要；

8）企业的实际施工水平。

5.3.4　施工组织设计应包括下列内容：

1）地理位置、地理特征、气候气象、工程地质、水文地质、工程设计概况和主要工程数量等；

2）合同文件关于工期、安全、质量、文明施工、环境保护等的要求；

3）施工条件、工程特征分析（特点、重点、难点）和施工方案；

4）施工单位关于工期、安全、质量、文明施工、环境保护的控制目标；

5）项目经理部组织机构设置及岗位职责；

6）洞口生产场地布置及临时工程规划；

7）洞内、外管线布置及风、水、电供应方案；

8）编制各工序进度指标、施工总进度计划、单位工程施工进度计划及次级进度计划横道图、网络计划图并标明关键线路；

9）洞口工程、进洞、洞身开挖、装渣运输、初期支护、二次衬砌、施工通风、施工排水、控制测量、施工测量、超前地质预报、监控量测等工序的施工方法、工艺流程、检验标准、实施要点；

10）机械设备配备、劳动力配备、主要材料分阶段供应计划、主要材料的采购和运输方式等；

11）材料检验、工程计量、资料归档、成本控制、职工培训计划等各项管理制度；

12）关于工程工期、工程质量、安全生产、文明施工、环境保护和雨期、冬期及高温季节施工的组织、技术、经济等保证措施及奖惩条例；

13）施工过程中对环境的直接影响和潜在影响，对各种影响因素所采取的预防和保护措施；

14）施工阶段风险评估和风险规避措施；

15）隧道施工地区发生自然灾害、施工过程中发生紧急情况的应急预案。

5.3.5 项目管理有关部门的人员应参与实施性施工组织设计的编制，以确保其实用性和针对性。

5.3.6 在实施过程中应根据客观条件、生产资源配置的变化情况及时调整施工组织设计，并及时报送监理工程师批准，实行动态管理。

5.4 技术安全交底

5.4.1 施工前，需要对施工作业人员进行技术交底和安全交底。需要将施工过程中的关键工艺、关键工序和安全风险等对作业人员进行详细交底。

5.4.2 操作工人应熟悉工种的安全技术操作规程，否则不允许参加施工。

5.4.3 各级施工管理人员、技术人员，必须熟悉与施工有关的安全规程、规范、条例、标准等各项规定。

5.4.4 分项、分部工程开工前，技术负责人应就批准的施工方案、技术措施及设计要求等组织施工技术交底。针对各工序施工中可能出现的安全风险、安全注意事项、急救包使用及应急救援措施、紧急逃生措施等，应进行逐项安全技术交底。

5.4.5 在推广新技术和使用新机械设备时，应对职工进行专项施工技术及安全交底。

5.4.6 对特殊、重要工序施工应设置重要控制点，编制专门的作业指导书并进行交底。

5.4.7 施工工艺发生变化时，应对相关技术及管理人员、作业队及班组进行二次交底。

5.5 技术准备

5.5.1 特殊地段的施工必须编制专项方案。

5.5.2 按工程特点和环境条件应完成测量及监控量测的准备工作。

5.5.3 盾构掘进施工前，必须根据地质、工况、环境条件等编制施工组织设计和风险应急救援预案。

5.5.4 根据工程及盾构性能特点，对施工作业人员进行上岗前的技术培训和技术考核。

5.5.5 按工程特点、环境条件和调查现状做好测量及监测的准备工作，确定施工影响范围，布置监测点，提前取得初始读数。具体为：

1）工程地质及水文地质条件，包括地层岩性及分布状况、地层软硬程度、地下水水位、地层渗透性等，同时要特别注意大直径卵砾石地层，漂石、高灵敏度软土、松散沙层，软硬混合地层，地中障碍物，可燃及有害气体等；

2）隧道线路条件，包括曲线半径及长度、坡度、净空横断面、上覆土层厚度和连续掘进长度等；

3）隧道结构设计条件，包括衬砌形式、参数等；

4）环境条件，包括工程周边的建（构）筑物状况、地下管线情况、道路交通状况、控制沉降要求。

为防止资料与实际工况条件不符，施工前应进行工程环境的调查和实地踏勘，为制定施工组织设计提供足够的依据，调查的主要内容有：

1）土地使用情况，根据报告和附图，实地踏勘调查各种建筑物的使用功能、结构形式、基础类型及其与隧道的相对位置等；

2）道路种类和路面交通情况；

3）工程用地情况，主要对施工场地及材料堆放场地、弃土场地、运输路线等做必要的调查；

4）施工用电和给排水设施条件；

5）有关环境保护的法律和法规；

6）地下障碍物及管线。

施工总平面图是拟建项目施工的总体布置图，它按照施工方案和施工进度的要求，在业主提供的施工用地范围内，对施工现场的道路交通、材料仓库、材料堆放、临时房屋、大型施工设备、集土坑、拌浆系统、临时水电管线、消防器材等做出合理的规划布置，从而确定并正确处理施工区域内施工期间所需各项设施之间的空间关系。

1）平面用地范围确定：对业主提供的施工用地，应先进行现场实测实量，根据实测数据绘制出准确的平面用地范围图，然后根据隧道施工的要求，在确定的、有限的平面空间内进行施工现场的规划和布置。

2）施工用地规划：在业主提供的施工场地中，划分出施工用地区域和生活用地区域。考虑到隧道施工属土建工程项目，施工区域扬尘较多，环境不是很好，因此，生活区域与施工区域间最好相隔一定距离，并采取一定分离措施。同时，生活区域尽可能布置在上风口。

3）施工区域部署：

（1）施工平面布置依据：

①包括施工平面图及建筑范围内有关已有或拟建的各种设施（位置、尺寸）的设计资料；

②建设地区的自然条件；

③建设项目的工程概况、施工方案、施工进度计划，便于合理规划特殊施工机械及材料、构件堆放（储存量）施工场地；

④各种建筑材料、管片、施工机械、拌浆系统和运输工具需要制作工程量一览表，以便规划工地内部储放场地和运输线路等。

（2）隧道施工项目施工区域布置原则：

①施工区域的布置应符合施工流程要求，尽量减少各工序之间的干扰；

②场内施工便道满足车辆行驶要求，运输方便通畅，出入口方便、安全；

③行车吨位满足施工要求，跨距在场地允许范围内，且管片驳运，材料、土体的垂直运输便捷，基础满足承载要求，施工成本经济；

④施工现场用房满足施工需求，且不影响其他施工场地布置；

⑤满足安全、防火、劳动保护要求，易燃易爆仓库设置安全，氧气、乙炔分开放置；

⑥各类施工材料堆放整齐、取用方便，管片堆场内管片便于调运，场地容量满足施工进度要求；

⑦集土坑位置方便出土和运土，少污染，易清洁；

⑧近井点测量标志安全，通视性好；

⑨各种生产设备应便于工人生产施工。

4）生活区域部署：生活区域临时设施包括办公室、车棚（或小型停车场地）、休息室、浴室、厕所水电配套设施等；生活区域原则上应设置在施工区域以外的地方，如受用地范围的局限，也可采取搭建隔墙等措施进行隔离。

5）现场施工用电及一般要求：隧道施工工地临时供电组织主要包括计算用电总量，确定电压等级，以及确定导线截面面积，电柜、电箱容量，并进行供电线路设计。

（1）施工用电总量：一般根据盾构设备负荷与盾构辅助施工设备负荷及生活办公区负荷计算累加而得。

（2）电压等级：

①隧道盾构掘进机设备采用高压供电，一般电压等级 10 kV；

②盾构辅助施工设备采用低压供电，一般电压等级 0.4 kV、50 Hz，三相五线制。其中，盾构掘进机和隧道照明为一级负荷，其他用电设备为三级负荷。

（3）供电方案：

①为确保隧道施工的连续性，盾构高压电源实施双电源配置，分甲、乙两路高压提供，手动切换，在两路电源中任一路电源失电应首先保障盾构用电；

②高压配电间内的高压开关柜供盾构掘进施工用电，用高压电缆从配电间引至盾构掘进机配有的变压器；

③工地现场的盾构辅助施工设备以及隧道内照明和动力由配电间的变压器系统提供；整个施工区域的低压供电系统采用 TN-S 系统，用电缆从箱式变配电间引至施工场地使用。

（4）供电线路安排：

①选用分相屏蔽高压电缆应根据盾构掘进机变压器容量及线路载流量和电压损失情况来确定；

②选用低压电缆应根据用电设备功率、线路载流量和电压损失来确定；

③根据现场施工用电设备的分布情况及其功率，进行电柜、电箱的容量、分布及数量的选择及布置。

（5）给水排水、消防设计：

①工地供水类型：隧道施工临时供水主要包括生产用水、生活用水和消防用水。

②工地供水规划：生产用水包括隧道井下施工用水、浆液拌浆用水等，生活用水包括施工现场生活用水和生活区生活用水。

③一般供水源由业主提供至施工用地边缘，施工单位再根据施工场地布图中有关用水机械或用水区域，将水通过管路从水源处输送至用水处，管路的粗细根据用

水机械或用水区域用水量来确定。

④在危险品仓库附近必须设置消防供水管，以备火灾时急用。

⑤排水类型主要有施工污水排放和生活废水排放，根据有关环境保护条例，施工企业生产废水必须进行处理后才能排入下水管道。

⑥由于隧道施工排放水中含泥或含油较多，故必须经过沉淀处理和漂浮处理后才能排放。因此，在隧道端头进出井旁应设置明沟，明沟内设置几道沉淀槽和收集浮油措施，确保施工现场排水符合环保要求；同时，在施工区域和生活区域设置地面排水系统，以及时排泄持续下雨或暴雨造成的地面积水，确保施工正常进行。

⑦对管片生产厂家的资质和质量管理及质量保证体系提出了要求，预制厂家推行全过程质量控制是确保管片质量稳定并不断改进的最基本条件。

5.6 作业准备

5.6.1 综合劳动力和主要工种劳动准备：

1）综合劳动力需要量计划是确定工程规模和组织劳动力进场的依据，编制时首先根据工程的工艺流程和相应工序施工所需专业工种劳动力数量及各工序施工的持续时间，得到工程施工主要工种的劳动力数量及各阶段施工所需专业工种的劳动力数量；

2）对于附带、附属工程，应将工程施工的专业工种人员在该施工段时间内与隧道施工专业工种人员数叠加；

3）根据施工组织设计中所确定的劳动力使用计划，组织劳动力进场，需要对施工人员进行相关的技术培训，同时进行安全、消防和文明施工等方面的教育，安排好职工的生活，向施工人员进行技术交底和质量交底，保证施工质量和进度。

5.6.2 施工现场准备：

1）拼装式盾构工作井：作为拼装式盾构的工作井，其建筑尺寸应满足盾构拼装、拆除的施工工艺要求，一般井宽应大于盾构直径 1.6 ～ 2.0 m，井的长度（盾构推进方向）主要考虑到盾构设备安装余地，以及盾构出洞（图 5.6.2-1）施工所需最小尺寸。

2）盾构基座：盾构基座设置于工作井的底板上，用于安装及搁置盾构，更重要的是通过设在基座上的导轨，使盾构在出洞前就有正确的导向，因此，导轨要根据隧道设计轴线及施工要求定出的平面、高程、坡度来进行测量定位；盾构基座可采用钢筋混凝土结构（现浇或预制）或钢结构。导轨夹角一般为 60° ～ 90° 。盾构基座除承受盾构自重外，还应考虑盾构切入土层后，进行纠偏时产生的集中荷载。

3）反力架（后盾）（图 5.6.2-2）：在工作井中盾构向前推进时的反力要靠工作井后井壁来承担，因此，在盾构与后井壁之间要有传力设施，此设施称为后座。后座通常由隧道衬砌、专用顶块、顶撑等组成。后座不仅是盾构推进反力的承载构件，还是垂直水平运输的转折点，所以后座不能是整环，应有开口以作垂直运输通道，开口尺寸需按盾构施工时进出设备、材料最大尺寸决定。第一环为闭口环，在其上部要加后盾支撑，以保证盾构推进力传至后井壁。由于工作井平面位置的施工误差将影响到隧道轴线与后井壁的垂直度，为了调整洞口第一环管片与井壁洞口的相交尺寸，故后盾管片与后井壁之间需留有一定间隙，待位置调准后再采用混凝土填充间隙，以使盾构推力均匀地传给后井壁，也为拆除后盾管片提供方便。

图 5.6.2-1　盾构出洞

图 5.6.2-2　盾构反力架

4）人行楼梯和井内工作平台：在盾构出洞阶段施工期内，因还没有形成长隧道，盾构设备无法正常布置，故需有一个施工转换过程，在此过程中设备放在井内，需在井内设置施工平台，并应在合理位置安装上下楼梯，以供施工人员进出作业面工作。

5）盾构施工地面辅助设施：为了确保盾构正常施工，根据盾构的类型和具体施工方法，配备必要的地面辅助设施。

（1）做好施工场地的控制网测量，保证施工质量。

（2）做好“三通一平”，根据施工组织设计中的平面布置，设计施工围墙、场区道路、管片堆场，铺设水管、电缆、排水设施，布置场地照明等。

（3）要有一定数量管片堆放场地，场内应设置行车或其他起吊和运输设备，以便进行管片防水处理，并能安全迅速地运到工作面；还可根据工程或施工条件，搭设大型工棚或移动式遮雨棚，且应设置防水材料仓库和烘箱。

（4）拌浆间：用于拌制管片壁后注浆的浆体，并配有堆放原材料的仓库。

（5）配电间：应有两个电源的变电所供盾构施工用电，且两路电源能互相迅速切换，以免电源发生故障而造成安全事故。

（6）充电间：用于为井下电机车的蓄电池充电，应配备电动机箱吊装的设备，充电量要满足井下运输电动机箱更换所需，对充电间地坪等设施应做防硫酸处理。

（7）空压机房：若采用气压施工，应设置提供必要用气量的空气压缩机和储气筒，管路系统要安置有符合卫生要求的滤气器、油水分离器等设备，并有两路电源以保证工作面安全。

（8）水泵房：若采用水力机械掘进，或水力管道运土，进行井点降水措施的工程，应于水源丰富处设水泵房。

（9）地面运输系统：主要通过水平、垂直运输设备将盾构施工所需材料、设备、器具运入工作井的井底车场。运输系统的组成形式较多，如垂直运输可采用桁车、起重机、电动葫芦等起重设备，地面水平运输由铲车、汽车、电瓶车及其行驶道路等构成。根据施工现场的实际条件，结合所配备的起吊机械、运输设备组成较理想的盾构施工地面运输系统，将工作井、管片防水制作场地、拌浆间、充电间等连成一线，并合理确定行车的数量，实现水平和垂直运输互为一体的系统。

（10）盾构出土配套设备：盾构法施工掘进是主要工序之一，所以出土设施对盾构施工至关重要。干出土可采用汽车运输，并且只需配有一定空间的集土坑来堆放土体即可，以不影响井下盾构施工为度。水力机械掘进运土，需要有合适容量的沉淀池。对泥水式盾构还应考虑泥浆拌制及泥水分离等设施。

（11）其他生产设备：一般包括油库、危险品仓库、设备料具间、机械维修间等。

（12）通信设备：隧道施工特点为线长，所以各作业点之间通信必不可少。目前通信多采用电话。井下使用的电话必须是防潮、防爆的，在气压施工闸墙内外还需有信号联系。

（13）隧道断面布置：主要考虑隧道施工时的水平运输，按车架及载行的管片、土箱等净空要求，以及轨枕的高度、轨道的轨距等主要尺寸，进行横断面布置。对于水力机械出土的盾构来说，隧道断面布置还必须考虑进出水管的布置及接力泵的安装部位，方便管路接头，便于搬运和固定。上述所有装置不得侵入轨道运输的界限。人行通道所用的走道板宽度要大于 50 cm，与电机车的安全距离大于 30 cm，净空高度大于 1.8 m。隧道断面还要布置隧道的照明及其供电、盾构动力电缆、通风管路及接力风机、隧道内清洗及排污的管路等。

（14）车架转换：由于工作井空间较小，车架不能一次到位，故需要采取车架转换措施，即盾构出洞阶段车架与盾构分离，通过转换油管、电缆等连接车架与盾构，待盾构推进一段距离，隧道内能容纳车架长度时，再拆除转换管路，将车架吊入隧道与盾构相连，达到正常施工的状态。

（15）井底车场的布置：待盾构出洞，推进一定距离后，管片与土体的摩擦力能平衡盾构的推进反作用力时，即可拆除后盾支撑和后盾管片，利用井内的空间在井底形成一个井底车场，通过搭建平台、铺设双轨等措施来提高水平运输的能力，加快施工进度。

5.7 施工场地与临时工程

5.7.1 施工场地布置应遵循下列原则：

1）有利于安全生产、文明施工、节约用地和保护环境；

2）事先统筹规划，分期安排，便于各项施工活动有序进行，避免相互干扰。

5.7.2 施工场地布置应包括下列内容：

1）确定卸渣场的位置和范围；

2）汽车运输道路的引入和其他运输设施的布置；

3）确定风、水、电设施的位置；

4）确定大型机具设备的组装和检修场地；

5）确定混凝土拌合站（场）、预制场及砂、石等材料场的布置；

6）确定各种生产、生活等房屋的位置；

7）场内临时排水系统的布置。

5.7.3 临时工程施工应符合下列规定：

1）运输道路应满足运量和行车安全的要求。

2）高压、低压电力线路及变压器和通信线路应按有关规定统一布置，及早建成。

3）各种房屋按其使用性质应符合相应的安全、消防规定；爆破器材库、油库的位置应符合有关安全的规定；房屋区内应有通畅的给水排水系统，并避开高压电线。

4）严禁将住房等临时设施布置在受洪水、泥石流、落石、雪崩、滑坡等自然灾害威胁的地点。

5）高位水池应远离隧道中线修建。

6）临时工程及场地布置应采取保护自然环境的措施。

5.7.4 施工场地布置时，在水源保护地区内不得取土、弃土、破坏植被等，不得设置拌合站、洗车台、充电房等，并不得堆放任何含有害物质的材料或废弃物。

5.7.5 隧道内、外施工场所应按现行国家职业卫生标准《工作场所职业病危害警示标识》（GBZ 158—2003）设置禁止标识、警告标识、指令标识、提示标识，并配以相应的警示语句。

5.8 盾构进出洞段地基处理

5.8.1 根据洞口的结构和拆除方法、尺寸和埋深，并考虑地形地貌、水文地质条件、环境要求和对地下管线与地面建筑物的影响因素，选用合理、安全的地基加固处理工法［如旋喷桩、搅拌桩、SMW挡土墙法（图5.8.1）、冻结法、降水法等］和加固范围。当洞口处于砂性土或有承压水地层时，应考虑降水、堵漏等防止涌砂措施。

图 5.8.1 地基加固处理工法

5.8.2 必须对加固的钻孔布置进行复核，确保桩体相互搭接、钻孔位置无地下管线后才能开钻。旋喷桩和搅拌桩桩位偏差小于40 mm，垂直度偏差小于1%。

5.8.3 地基加固检验应具备下列资料：

1）地基加固方案及相关部门批复文件；

2）原材料质保书及检测报告；

3）施工记录；

4）加固强度检测报告。

5.8.4 进出洞段地基加固质量要求：

1）浆液的配合比必须符合规范要求；

2）所用原材料必须符合设计或施工规范要求和国家建筑材料现行规范规定；

3）地基加固强度、抗渗指标必须经现场取样试验确定，并满足设计或施工规范要求。

5.9 工作竖井施工准备

5.9.1 工作竖井施工方法及尺寸选择：

1）竖井施工应依据地质条件、路面条件、交通量、工程噪声及振动对四周的影响等选择安全且经济的施工方法；

2）始发井的平面内净尺寸应满足盾构安装和始发推进的要求；

3）接收井的平面内净尺寸应满足盾构接收、解体或整体位移的要求；

4）始发、接收井的进出洞洞口底标高应高于井底板 0.65 m；井的宽度应大于 11 m（盾构直径＋ 1.5 m×2）。具体按下式计算：

$$D = H \cdot \tan\alpha + (\varphi_s/\cos\alpha) + \Delta e + \Delta s + \Delta g \tag{5.9.1}$$

式中 D——工作井预留洞口直径（m）；

H——洞口井壁厚度（m）；

α——隧道轴线与洞口轴线的夹角（°，采取平面或纵坡夹角的值）；

φ_s——盾构的外径（m）；

Δe——设计规定的始发或接收工作井预留洞口直径与盾构外径的差值（m，通常始发工作井为 0.10 m，接收工作井为 0.20 m）；

Δs——测量误差（m，通常为 0.10 m）；

Δg——盾构基座安装高程误差（m，通常为 0.05 m）。

5）工作井预留洞口直径应满足盾构始发和接收的要求。

5.9.2 盾构始发（图 5.9.2）和接收时，应使地质和现场等条件对工作井洞口外的一定范围内的地层进行必要的加固，并对洞口间隙采取密封措施，确保盾构始发和接收安全。

5.9.3 洞口混凝土凿除前，端头加固的土体须达到设计所要求的强度、渗透性、自立性等技术指标后，才可开始洞口混凝土凿除工作（图 5.9.3）。洞口混凝土采取人工用高压风镐凿除，凿除工作分两步进行。第一步，先凿除外层 500 mm 厚混凝土并割除钢筋及预埋件，保留最内层钢筋，外层凿除工作先上部后下部，钢筋及预埋件割除须彻底，以保证预留洞口的直径。第二步，当盾构组装调试完成，并推进至距离洞口 1.0 ～ 1.5 m 时，凿除里层，里层凿除方法是根据断面的不同，将其分割成 9 ～ 20 块。

图 5.9.2 盾构始发

图 5.9.3 洞口混凝土凿除

5.9.4　为了防止盾构始发或到达时泥土、地下水从盾壳和洞口的间隙处流失，以及盾尾通过洞口后背衬注浆浆液的流失，在盾构始发或到达时需进行洞口密封（图 5.9.4）。

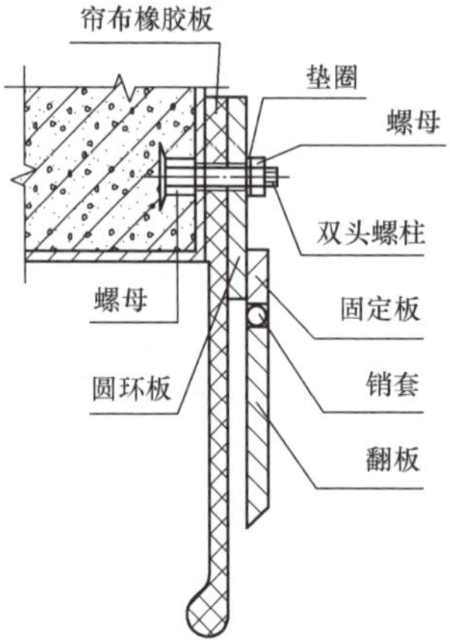

图 5.9.4　洞口密封

5.9.5　工作井还应符合下列规定：

1）应依据地质条件、环境条件选择安全、经济、对周边影响小的施工方法；

2）始发工作井的长度应大于盾构主机长度 3 m，宽度应大于盾构直径 3 m；

3）接收工作井的平面内净尺寸应满足盾构接收、解体或整体移位的要求；

4）始发、接收工作井的井底板宜低于进、出洞洞口底标高 700 mm；

5）工作井预留洞口直径应满足盾构始发和接收的要求；

6）洞圈、密封及其他预埋件等应在盾构始发或接收前按要求安设完成，并符合质量要求。

5.9.6　洞口段土体不能满足盾构始发和接收对防水、防坍等安全要求时，必须采取加固措施，并应符合 5.8.1、5.8.2 及以下要求：

应对洞口段土体的加固效果做检查，加固体强度、抗渗指标必须经现场取样试验确定，并满足设计要求。

5.9.7　刀盘切削下来的渣土通过螺旋输送机和皮带机排放至运输箱内，然后通过洞内水平运输和竖井或车站端头井垂直运输的方式运送至地面的渣土储存坑内。

5.10 安全卫生与环境保护措施

5.10.1 根据盾构类型、地质条件和工程实际，制定盾构安全技术操作规程，确保施工作业在安全和卫生环境下进行。

5.10.2 根据盾构设备状况、地质条件、施工方法、进度和隧道掘进长度等条件，选用适用的通风方式、通风设备及洞内温控措施，以满足国家工业卫生标准要求。

5.10.3 所有作业场所必须设置照明设施。

5.10.4 所有作业场所必须配备消防设施。

5.10.5 盾构施工中，洞内、洞口必须安置足够的排水设备。

5.10.6 为确保作业人员安全，任何作业位置与场所必须保证作业通道的畅通。

5.10.7 针对施工可能发生对周边环境的影响，应采取相应措施，减少施工噪声、振动、水质和土壤污染，减少地表沉降等。

5.10.8 预测存在可燃性或有害气体时，在盾构掘进前，应使用仪器进行检测，同时增加通风设备，加强通风，使可燃性或有害气体浓度控制在安全允许值以内。如果超过安全允许值，必须停止盾构掘进，采取有效应急措施进行处理。

5.10.9 工程竣工时，应修整、恢复受到施工破坏或影响的植被、城市道路及自然资源等。

5.11 管片的生产和验收

5.11.1 混凝土管片应由具备相应资质等级的厂家制造。

5.11.2 管片制造厂家必须具有健全的质量管理体系及质量控制和质量检验制度。

5.11.3 管片制造应编制施工组织设计或技术方案，并经审查批准。

5.11.4 生产线布置应符合工艺要求。

5.11.5 模具安装完毕后应进行质量验收。

5.11.6 混凝土搅拌、运输、振捣、养护等设备完成安装调试和安全检查后，应进行验收；各种计量器具、设备应通过检定。

5.11.7 原材料应经检验合格，混凝土应经试配确定配合比，其性能应符合设计及本指南要求。

5.11.8　操作人员应进行技术培训，经培训合格后，方可进行操作，特殊工种应持证上岗。

5.12　原材料要求

5.12.1　钢筋混凝土管片原材料的规定：

1）具备产品质量证明文件，并复检合格；

2）宜采用非碱活性集料；当采用碱活性集料时，混凝土中碱含量的限值应符合国家标准《混凝土结构设计规范》（GB 50010—2010）（2015 年版）的规定；

3）预埋件规格和性能应符合设计要求。

5.12.2　钢管片的钢材、焊接材料、防腐涂料、稀释剂和固化剂等材料的品种、规格、性能等应符合设计要求（图 5.12.2）。

图 5.12.2　钢管片检测

5.12.3　模具必须具有足够的承载能力、刚度、稳定性和良好的密封性能，并满足钢管片的尺寸和形状要求。

5.12.4　模具应便于安装和拆卸。

5.12.5　模具验收应符合下列规定：

1）模具制造应编制完善的技术文件；

2）模具材料应符合质量要求，选用焊条的材质应与被焊物的材质相适应；

3）模具各组成部件加工精度应符合设计要求；

4）模具安装后须进行初验，符合设计要求后可试生产，在试生产的管片中，随机抽取 3 环进行水平拼装检验，合格后方可正式验收。

5.12.6 合模、开模与出模应符合下列规定：

1）合模前应仔细清理模具各部位，脱模剂涂刷要薄而均匀，无积聚、流淌现象；

2）应按模具使用说明书规定的顺序合模和开模，并对模具进行检查；

3）螺栓孔预埋件、中心吊装孔预埋件以及其他预埋件和模具接触面应密封良好，钢筋骨架和预埋件严禁接触脱模剂；

4）管片出模强度应符合设计要求；当设计无要求时，强度应根据管片尺寸、混凝土强度设计等级、起吊方式和存放形式等因素综合确定；

5）开模和出模时应注意保护模具。

5.12.7 模具周转100次时，必须进行检验，允许偏差和检验方法应符合表5.12.7的规定。

表 5.12.7 模具允许偏差和检验方法

序号	项目	允许偏差 /mm	检验工具	检查数量
1	宽度	±0.4	内径千分尺	6点/个
2	弧、弦长	±0.4	样板、塞尺	2点/个，每点2次
3	内腔高度	－1～＋2	高度尺	4点/个

5.13 钢筋

5.13.1 钢筋和骨架制作的基本规定：

1）钢筋的品种、级别和规格应符合设计要求，当钢筋的品种、级别或规格需作变更时，应办理设计变更；

2）钢筋骨架连接应符合设计要求，并应在符合要求的胎具上制作；

3）钢筋骨架应进行试生产，经检验合格后，方可批量制作。

5.13.2 钢筋加工（图5.13.2）应符合下列规定：

1）应按钢筋料表进行钢筋切断或弯曲；

2）弧形钢筋加工时应防止平面翘曲，成型后表面不得有裂纹，并验证成型尺寸；

3）钢筋调直和主筋的弯钩、弯折应符合现行国家标准《混凝土结构工程施工质量验收规范》（GB 50204—2015）的规定；

4）箍筋除焊接封闭外，末端应作弯钩，弯钩构造应符合设计要求；当设计无要求时，应符合下列规定：

（1）箍筋弯钩的弯弧内直径应符合现行国家标准《混凝土结构工程施工质量验收规范》（GB 50204—2015）的规定；

（2）箍筋弯钩的弯折角度应为 135°，且弯后平直部分长度不应小于 10 倍箍筋直径。

5.13.3　钢筋骨架（图 5.13.3）成型应符合下列规定：

1）骨架连接时，应按料表核对钢筋级别、规格、长度、根数及胎具型号。

2）采用焊接连接时，应根据钢筋级别、直径及焊机性能进行试焊，并确定焊接参数后，方可批量施焊；焊接骨架的焊点设置，应符合设计要求。当设计无要求时，应采用对称跳点焊接。

3）焊接前应对焊接处进行检查，不应有水锈、油渍，焊接后不应有焊接缺陷。

4）骨架入模后，各部位保护层应符合设计要求。

图 5.13.2　钢筋加工过程

图 5.13.3　钢筋骨架

5.13.4　钢筋及骨架制作与安装质量应符合下列规定：

1）浇筑混凝土前，应进行钢筋隐蔽工程验收，验收内容包括：

（1）纵向主筋的品种、规格、数量、位置等；

（2）箍筋、横向钢筋的品种、规格、数量、间距等；

（3）预埋件的规格、数量、位置等。

2）钢筋加工允许偏差和检验方法应符合表 5.13.4-1 的规定。

表 5.13.4-1　钢筋加工允许偏差和检验方法

序号	项目	允许偏差 /mm	检验工具	检验数量
1	主筋和构造筋长度	±10	钢卷尺	每班同设备生产 15 环同类型钢筋骨架，应抽检不少于 5 根
2	主筋折弯点位置	±10		
3	箍筋内净尺寸	±5		

3）钢筋骨架制作、安装允许偏差和检验方法应符合表 5.13.4-2 的规定。

表 5.13.4-2 钢筋骨架制作、安装允许偏差和检验方法

序号	项目		允许偏差 /mm	检验工具	检验数量
1	钢筋骨架	长	＋5，－10	钢卷尺	按照日生产量的 3% 进行抽检，每日抽检不少于 3 件，且每件检验 4 点
		宽	＋5，－10		
		高	＋5，－10		
2	主筋	间距	±5		
		层距	±5		
		保护层厚度	＋5，－3		
3	箍筋间距		±10		
4	分布筋间距		±5		

5.14 混凝土

5.14.1 检验混凝土强度用的试件尺寸及强度的尺寸换算系数按照现行国家标准《混凝土结构工程施工质量验收规范》（GB 50204—2015）执行，试件的成型方法、养护条件及强度试验方法应符合现行国家标准《混凝土物理力学性能试验方法标准》（GB/T 50081—2019）的规定；强度评定应符合现行国家标准《混凝土强度检验评定标准》（GB/T 50107—2010）的规定。

5.14.2 混凝土的冬期施工应符合现行行业标准《建筑工程冬期施工规程》（JGJ /T 104—2011）的规定。

5.14.3 混凝土配合比设计规定：

1）混凝土坍落度不宜大于 70 mm；

2）在满足设计要求及施工性能的前提下，可适当减少水泥用量；

3）混凝土中碱含量和氯离子含量应符合国家标准《混凝土结构设计规范》（GB 50010—2010）（2015 年版）的规定；

4）混凝土的抗渗等级应符合设计要求。

5.14.4 混凝土生产与运输应符合下列规定：

1）首次使用的混凝土配合比应进行开盘鉴定，其工作性能应满足设计要求，生产时应至少留置 1 组标准养护试件，作为验证配合比的依据；

2）应严格按施工配合比投放原材料，其计量偏差应符合现行国家标准《混凝土结构工程施工质量验收规范》（GB 50204—2015）的规定；

3）每工作班至少测定 1 次砂石含水率，并根据测定结果及时调整施工配合比；

4）混凝土应搅拌均匀，和易性良好，应在搅拌或浇筑现场检测坍落度，并逐盘检查混凝土黏聚性和保水性；

5）混凝土运输、浇筑及间歇的全部时间不应超过混凝土的初凝时间。

5.14.5　混凝土浇筑应符合下列规定：

1）混凝土应连续浇筑，并根据生产条件选择适当的振捣方式，振捣密实，不得漏振或过振；

2）浇筑混凝土时不得扰动预埋件；

3）管片浇筑成型后，在初凝前应再次进行压面；

4）浇筑混凝土时留置的试件应符合现行国家标准《混凝土结构工程施工质量验收规范》（GB 50204—2015）的规定。

5.14.6　混凝土养护应符合下列规定：

1）混凝土浇筑成型后至开模前，应覆盖保湿，可采用蒸汽养护或自然养护；

2）采用蒸汽养护时，应经试验确定养护制度并监控温度变化，做好记录；

3）管片出模后宜进行养护。

5.15　钢筋混凝土管片

5.15.1　应在内弧面角部进行标示，标示内容应包括管片型号、管片编号、模具编号、生产日期、生产厂家。

5.15.2　管片（图 5.15.2）的质量要求应符合下列规定：

1）应按设计要求进行结构性能检验，检验结果应符合设计要求；

2）管片强度和抗渗等级应符合设计要求；

3）吊装预埋件首次使用前必须进行抗拉拔试验，试验结果应符合设计要求；

4）管片不应存在露筋、孔洞、疏松、夹渣、有害裂缝、缺棱掉角、飞边等缺陷，麻面面积不得大于管片面积的 5%；

图 5.15.2　管片

5）日生产每 15 环抽检 1 块管片进行检验，偏差检验和检验方法应符合表 5.15.2 的规定。

表 5.15.2 管片允许偏差和检验方法

序号	项目	允许偏差 /mm	检验工具	检验数量
1	宽度	±1	卡尺	3 点
2	弧、弦长	±1	样板、塞尺	3 点
3	厚度	＋3，－1	钢卷尺	3 点

5.15.3 每生产 200 环管片后应进行水平拼装检验 1 次，其结果和检验方法应符合表 5.15.3 的规定。

表 5.15.3 管片水平拼装检验允许偏差和检验方法

序号	项目	允许偏差 /mm	检验频率	检验工具
1	环向缝间隙	2	每缝测 6 点	塞尺
2	纵向缝间隙	2	每缝测 2 点	塞尺
3	成环后内径	±2	测 4 条（不放衬垫）	钢卷尺
4	成环后外径	＋6，－2	测 4 条（不放衬垫）	钢卷尺

5.15.4 管片储存场地（图 5.15.4）必须坚实、平整。

5.15.5 管片可采用内弧面向上或单片侧立的方式码放（图 5.15.5），每层管片之间应正确设置垫木，码放高度应经计算确定。

图 5.15.4 管片储存场地

图 5.15.5 管片码放

5.15.6 管片运输应采取适当的防护措施。

5.15.7 钢管片生产厂家应有相应的生产技术标准、健全的质量管理体系及质量控制和质量检验制度。

5.15.8 钢管片材质应符合下列规定：

1）钢材的品种、规格、性能等应符合现行国家标准和设计要求，进口钢材产品的质量应符合设计和合同规定标准的要求；

2）钢材的表面外观质量除应符合有关国家现行标准的规定外，还应符合：

（1）当钢材的表面有锈蚀、麻点或划痕等缺陷时，其深度不得大于该钢材厚度负允许偏差值的1/2；

（2）钢材表面的锈蚀等级应达到现行国家标准《涂覆涂料前钢材表面处理 表面清洁度的目视评定 第1部分：未涂覆过的钢材表面和全面清除原有涂层后的钢材表面的锈蚀等级和处理等级》（GB/T 8923.1—2011）规定的C级及C级以上；

（3）钢材端边或断口处不应有分层、夹渣等缺陷。

3）厚度大于或等于40 mm的钢板，应按现行国家标准《厚钢板超声检测方法》（GB/T 2970—2016）进行超声波检验，钢板的质量应达到该标准中的Ⅱ级要求；

4）焊接材料的品种、规格、性能等应符合现行国家标准和设计要求；

5）焊接材料应进行抽样复验，复验结果应符合现行国家标准和设计要求；

6）钢结构防腐涂料、稀释剂和固化剂等材料的品种、规格、性能等应符合现行国家标准和设计要求；防腐涂料和防火涂料的型号、名称、颜色及有效期应与其质量证明文件相符，开启后不应存在结皮、结块、凝胶等现象。

5.15.9 钢管片制作应符合下列要求：

1）按图纸要求准确设定切割线，所有构件必须整块下料，严禁有拼接焊缝。

2）钢材如有弯曲应矫正后才能使用，矫正后的钢材表面不应有明显的凹面或损伤，划痕深度不得大于0.5 mm，且不应大于该钢材厚度负允许偏差的1/2，矫正后的允许偏差应符合表5.15.9的规定。

表 5.15.9 钢材矫正后的允许偏差

项目		允许偏差 /mm	图例
钢板的局部平面度	$t \leqslant 14$	1.5	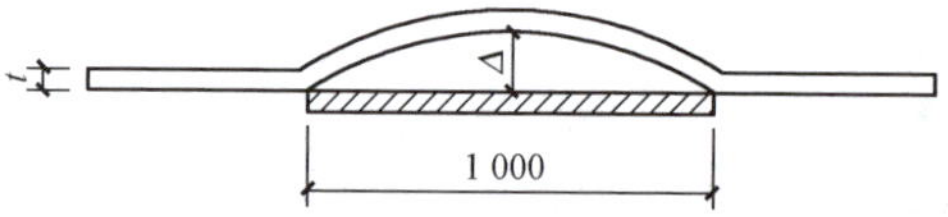
	$t \geqslant 14$	1.0	

3）钢板焊接全部采用二氧化碳气体保护焊，并按《二氧化碳气体保护焊工艺规程》（JB/T 9186—1999）操作。

4）焊工必须经考试合格并取得合格证书。持证焊工必须在其考试合格项目及其认可范围内施焊。施工单位对其首次采用的钢材、焊接材料、焊接方法、焊后热处理等，应进行焊接工艺评定，并应根据评定报告确定焊接工艺。

5）加工光洁度应满足设计要求。

6）钢管片所有构件均应按设计要求进行防腐处理并满足设计要求。

5.15.10 钢管片质量应符合下列要求：

1）单块钢管片外形尺寸应符合表 5.15.10-1 的规定；

表 5.15.10-1 钢管片外形尺寸允许偏差

序号	项目	允许偏差 /mm
1	管片宽度	±1
2	管片弧弦、长	±1
3	管片厚度	＋3，－1
4	环面间平行度	0.5
5	环面与端面、环面与内弧面的垂直度	1.0
6	端面、环面平面度	0.2

2）成环钢管片三环水平拼装应符合表 5.15.10-2 的规定；

表 5.15.10-2 钢管片三环水平拼装允许偏差

序号	项目	允许偏差 /mm	检验频率	检验方法
1	环向缝间隙	2	每环测 6 点	塞尺
2	纵向缝间隙	2	每条缝测 2 点	塞尺
3	成环后内径	±2	测 4 条（不放衬垫）	用钢卷尺量
4	成环后外径	＋6，－2	测 4 条（不放衬垫）	用钢卷尺量

3）焊缝表面不得有裂纹、焊瘤等缺陷，一级、二级焊缝不得有表面气孔、夹渣、弧坑裂纹、电弧擦伤等缺陷，且一级焊缝不得有咬边、未焊满、根部收缩等缺陷；

4）主要焊缝应进行按 50% 比例 PT（着色探伤）或 MT（磁粉探伤）检查。

5.15.11 纤维混凝土、铸铁、铸钢等其他材质管片参照本章有关条款执行。

6 盾构施工测量

6.1 一般规定

6.1.1 盾构施工的现场监控量测是使用各种仪器设备和量测元件，对施工地段地表沉降、围岩与支护结构的变形、应力、应变进行量测，据此来判断隧道开挖对地表环境的影响范围和程度、围岩的稳定性和支护的工作状态。

6.1.2 监控量测（图 6.1.2）工作必须紧接开挖、支护作业，应按设计要求进行布点和监测，并根据现场施工情况及时调整量测项目和内容。量测数据应及时分析处理，并将结果反馈到施工过程中。

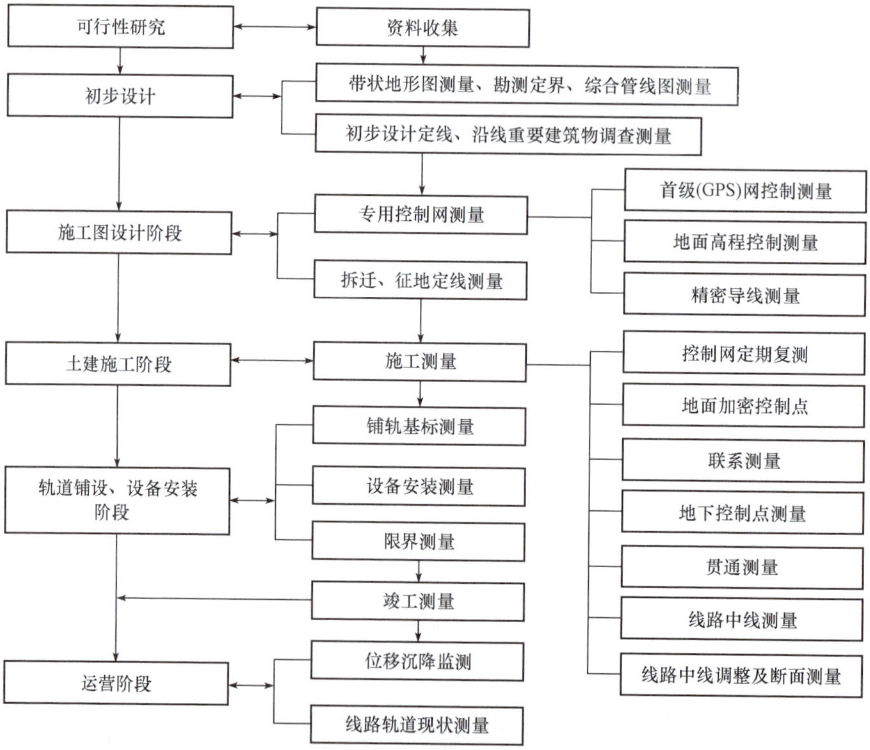

图 6.1.2 监控量测流程图

6.1.3 盾构掘进过程中应随时监测和控制盾构姿态，使隧道轴线控制在设计允许偏差范围内。

6.1.4 在竖曲线与平曲线段施工时应考虑已成环衬砌竖向、横向位移对隧道轴线控制的影响。

6.1.5 应对盾构姿态及管片状态进行测量和人工复核，并详细记录，发现偏差，及时采取措施纠偏。

6.1.6 实施盾构纠偏必须逐环、小量进行，必须防止过量纠偏而损坏已拼装管片和盾尾密封。

6.1.7 根据盾构的横向和竖向偏差及转动偏差，可采用千斤顶分组控制或使用仿形刀适量超挖或反转刀盘等措施调整盾构姿态。

6.1.8 监控量测应纳入施工工序，并贯穿施工的全过程，为施工管理及时提供以下信息：

1）围岩稳定性、支护结构承载能力和安全信息；

2）二次衬砌合理的施作时间；

3）为施工中调整围岩级别、完善设计方案及参数、优化施工方案及施工工艺提供依据。

6.1.9 监控量测的管理必须科学、合理，施工中应按监测计划实施，工程竣工后将监测资料整理归档并纳入竣工文件中。

6.1.10 施工现场应成立专门的监控量测小组，责任落实到人，并建立相应的质量保证体系，确保监控量测工作有效实施，监测资料完整、清晰。

6.1.11 现场监控量测工作应包括现场情况的初始调查、编制实施性监控量测计划、测点布设及取得初始监测值、现场监测、提交监测结果、报送周（月）报和编写总结报告。

6.1.12 根据监测精度要求，应减小系统误差，控制偶然误差，避免人为错误。应经常采用相关方法对误差进行检验分析。

6.1.13 监控量测小组负责测点的埋设、日常测量、数据处理和仪器保养维修及送检等工作，并及时将监控量测信息反馈于施工和设计。

6.1.14 按照盾构单向掘进距离一般不超过 2 km 制定贯通中误差；当大于 2 km 时，按一般方法和仪器不能满足贯通中误差要求时，应采用精密测量方法和高精度仪器进行贯通测量，以满足贯通中误差要求。当不能达到贯通中误差要求时，制定适宜的贯通中误差要求，但不得影响隧道建筑限界。始发和接收工作井所使用的地面近井控制点间进行直接联测，可以减少测量环节，提高测量精度，是保证隧道贯通的必要措施。

6.1.15 同步采集观测数据根据现行铁道行业标准《铁路隧道设计规范》（TB 10003—2016）规定和实际施工经验确定。监控量测数据分析分为实时分析和阶段分析，都以报告的形式反馈信息。实时分析是指每天根据监控量测数据，分析施工对结构和周边环境的影响，发现安全隐患及时采取措施。

6.1.16 监控量测小组一般以周报（特殊情况要形成日报）的形式提交监测成果，包括书面报告和电子版。现场监控量测工作停止后，应在一个月内编写出该工程的施工监控量测总结报告。

6.1.17 施工单位在工程项目开工前必须成立监控量测小组，建立相应的质量管理保证体系，与此同时项目部还应成立监控量测小组领导机构，原则上施工单位现场第一负责人即总工程师为组长，安全总监、监控量测小组的负责人等为副组长，有利于工作进行。

6.2 监控量测技术要求

6.2.1 盾构施工监控量测的工艺流程如图 6.2.1 所示。

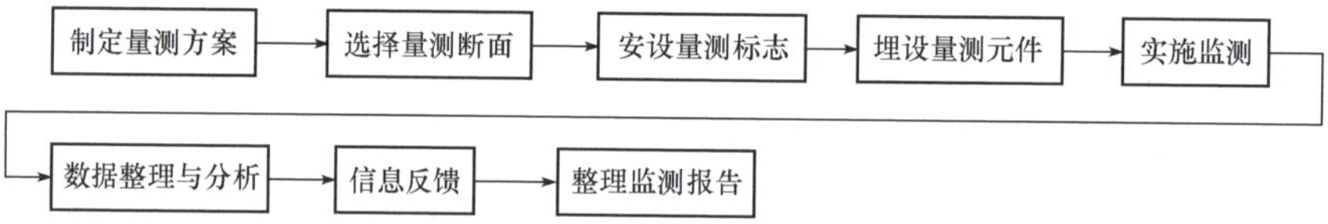

图 6.2.1 盾构施工监控量测的工艺流程

6.2.2 隧道监控量测的项目应根据工程特点、规模和设计要求综合选定，见表 6.2.2。

表 6.2.2 隧道监控量测项目选择表

围岩条件 / 项目	A 类测量			B 类测量						
	洞内观察	净空变化	拱顶沉降	地表沉降	围岩内部位移	锚杆轴力	衬砌应力	锚杆拉拔试验	围岩试件	洞内弹性波
硬岩地层（断层等破碎带除外）	◎	◎	◎	△	△*	△*	△	△	△	△
软岩地层（不产生很大的塑性电）	◎	◎	◎	△	△*	△*	△*	△	△	△
软岩地层（塑性地压很大）	◎	◎	◎	△	◎	◎	○	△	○	△

续表

项　目＼围岩条件	A 类测量			B 类测量						
	洞内观察	净空变化	拱顶沉降	地表沉降	围岩内部位移	锚杆轴力	衬砌应力	锚杆拉拔试验	围岩试件	洞内弹性波
土砂地层	◎	◎	◎	◎	○	△ *	△ *	○	◎	△
注：◎必须进行的项目；○应该进行的项目；△必要时进行的项目；△ * 其结果对判断支护是否保守有用										

6.2.3　隧道地表沉降量测：

1）量测方法是在地表测试范围内埋设沉降量测点，用精密电子水准仪和精密水准尺逐日进行水准测量，测出沉降值。

2）地表沉降纵向量测区长度见图 6.2.3-1，地表沉降量测最好与洞内量测点布置在同一断面上，沿隧道纵向的间距一般为 5 ～ 20 m，埋深越浅，间距应越小。

3）地表沉降横向量测在横断面上的测点布置如图 6.2.3-2 所示。

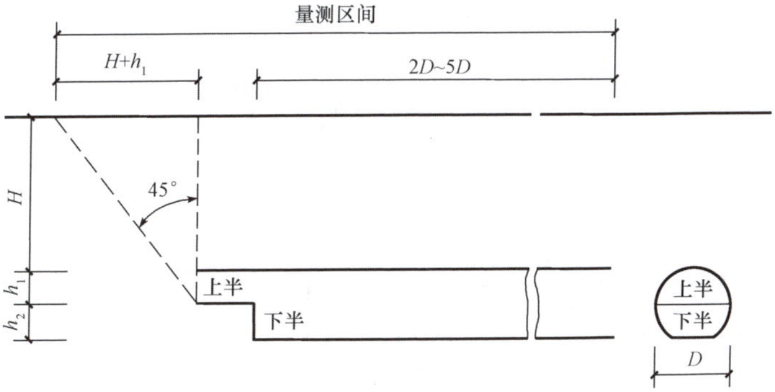

图 6.2.3-1　地表沉降纵向量测区长度

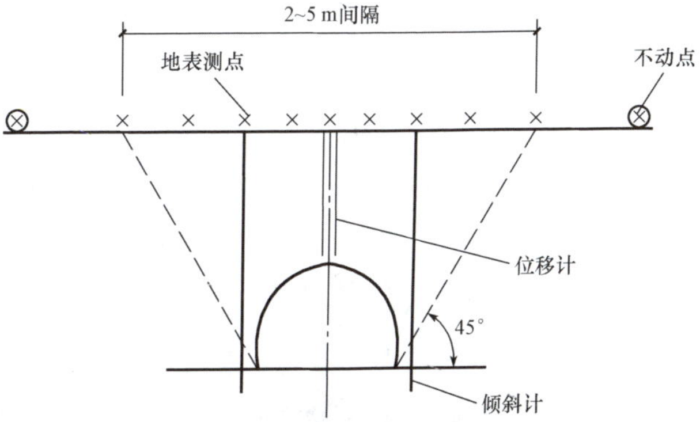

图 6.2.3-2　地表沉降横向量测测点

6.2.4 隧道净空变化：

1）各级围岩隧道开挖后均应进行周边位移与拱顶下沉的监控量测；

2）量测断面的间距视隧道长度、地质变化情况而定，一般Ⅵ级围岩间距为10 m，Ⅴ级围岩间距为15 m，Ⅳ级围岩间距为30 m，Ⅲ级围岩间距为50 m，Ⅱ级围岩间距为100 m；

3）收敛量测测点与拱顶下沉测点布置在同一断面；

4）收敛量测的基线视围岩条件可选择1条、2条或3条，最多选6条，如图6.2.4-1所示，测点与基线的布置可视具体施工方案的变化进行修改和调整；

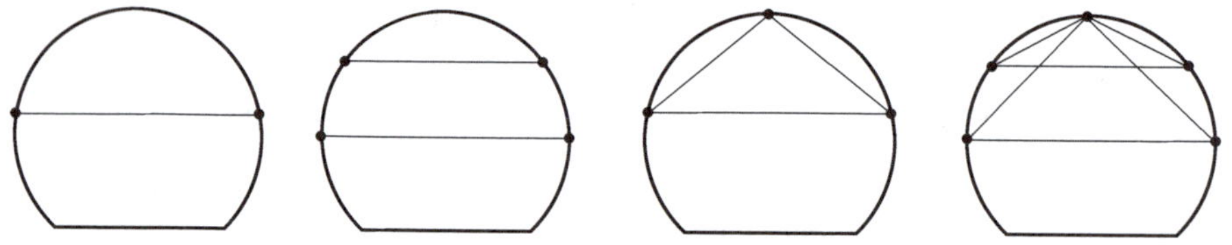

图 6.2.4-1 收敛量测的基线

5）埋设测点时，先在测点处用人工或凿岩机开挖孔径为40～80 mm、深为25 mm的孔，在孔中填满水泥砂浆后插入收敛预埋件，尽量使两预埋件轴线在基线方向上，并使预埋件销孔轴线处于铅垂位置，上好保护帽，待砂浆凝固后即可量测；

6）位移量测是采用隧道净空变化测定计（简称收敛计）来进行，目前国内使用的收敛计种类很多，但大致可分为三类，即重锤式、弹簧式和应力环式。现以弹簧式收敛计为例，说明其施测步骤，如图6.2.4-2所示：

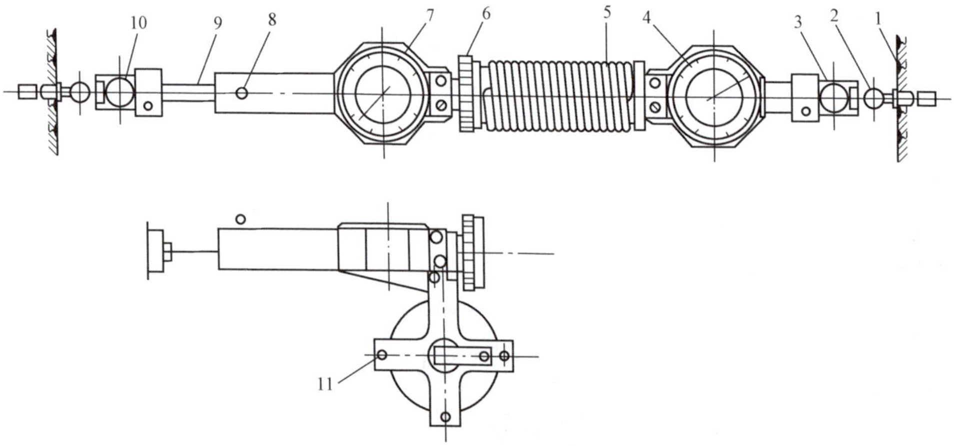

图 6.2.4-2 弹簧式收敛计

1—壁面埋腿；2—球形测点；3—本体球铰；4—张紧力指示百分表；5—张紧弹簧；6—调距螺母；7—距离指示百分表；8—钢带尺限位装置；9—带孔钢带尺；10—尺头球铰；11—钢带尺尺架

（1）先在隧道周边围岩表面凿一孔径为 40 ～ 50 mm、深为 200 mm 的孔，在孔内填塞水泥砂浆后插入测杆作为今后量测的基准点，设置时应尽量使两测杆轴线在连线方向上；

（2）将收敛计用销子连接到两测杆端头上，安装好收敛计；

（3）旋紧调距螺母使张紧力指示百分表的读数到达收敛计使用说明中的规定值，记下百分表读数，然后旋动调距螺母，重复测试 3 次，取其平均值作为初始观测值；

（4）经过一定时间后，重复上述步骤测其观测值，并取其平均值，则这段时间内隧道的收敛值为

$$u_t = R_t - R_0 \tag{6.2-1}$$

（5）当温度变化大时，必须对百分表读数进行修正，即

$$R = R' + \alpha L（t_0 - t） \tag{6.2-2}$$

式中 R——修正后的百分表读数；

R'——百分表读数；

t_0——初始读数时的温度；

t——再次读数时的温度；

L——量测基线长度；

α——钢尺或铟钢丝的线膨胀系数，可取 $\alpha = 1.2\times10^{-5}$（或按钢尺厂说明书取用）。

（6）当收敛值较大，钢尺须另换一个孔位（百分表读数大于钢尺孔距）时，为了消除钻孔间距的误差，在换孔前要先测读一次，计算出收敛值 u，换孔后应立即再测读一次，作为以后计算收敛值时新的初始读数 R_0，经过一定时间后，再记录百分表读数，取其平均值为 R_t，则这段时间内的隧道收敛值 u_t 为

$$u_t = u + R_t - R_0 \tag{6.2-3}$$

6.2.5 隧道监控量测项目应根据工程特点、规模和设计要求综合选定。量测项目可分为必测项目和选测项目两大类（见表 6.2.5-1 和表 6.2.5-2）。必测项目在采用喷锚构筑法施工时必须进行；选测项目应根据工程规模、地质条件、隧道埋深、开挖方法及其他要求进行选择。

表 6.2.5-1 监控量测必测项目

序号	监测项目	常用量测仪器	备注
1	洞内、外观察	现场观察、数码相机、罗盘仪	
2	拱顶下沉	水准仪、钢挂尺或全站仪	
3	净空变化	收敛计、全站仪	
4	地表沉降	水准仪、铟钢尺或全站仪	隧道浅埋段

表 6.2.5-2　监控量测选测项目

序号	监测项目	常用量测仪器
1	围岩压力	压力盒
2	钢架内力	钢筋计、应变计
3	喷混凝土内力	混凝土应变计
4	二次衬砌内力	混凝土应变计、钢筋计
5	初期支护与二次衬砌间接触压力	压力盒
6	锚杆轴力	钢筋计
7	隧底隆起	水准仪、铟钢尺或全站仪
8	围岩内部位移	多点位移计
9	爆破振动	振动传感器、记录仪
10	孔隙水压力	水压计
11	水量	三角堰、流量计
12	纵向位移	多点位移计、全站仪

6.2.6　隧道开挖后应及时进行地质素描，有条件时应进行数码成像。

6.2.7　初期支护完成后，应进行喷层表面裂缝的观察和记录。

6.2.8　分部开挖法施工的隧道，每个分部施工中应根据工程特点选择必测项目。

6.2.9　浅埋隧道地表沉降测点应在隧道开挖前布设。地表沉降测点和隧道内测点应布置在同一里程断面。一般条件下地表沉降测点纵向间距应按表 6.2.9 的要求布置。

表 6.2.9　地表沉降测点纵向间距

埋深与开挖宽度	纵向测点间距 /m
$2B > H_0 > 2.5B$	20 ～ 50
$B < H_0 \leqslant 2B$	10 ～ 20
$H_0 \leqslant B$	5 ～ 10
注：H_0——隧道埋深；B——隧道最大开挖宽度	

6.2.10　地表沉降测点横向间距为 2 ～ 5 m。在隧道中线附近测点应适当加密，隧道中线两侧量测范围应不小于 $H_0 + B$。地表有控制性建（构）筑物时，量测范围应适当加宽，测点布置见图 6.2.10。

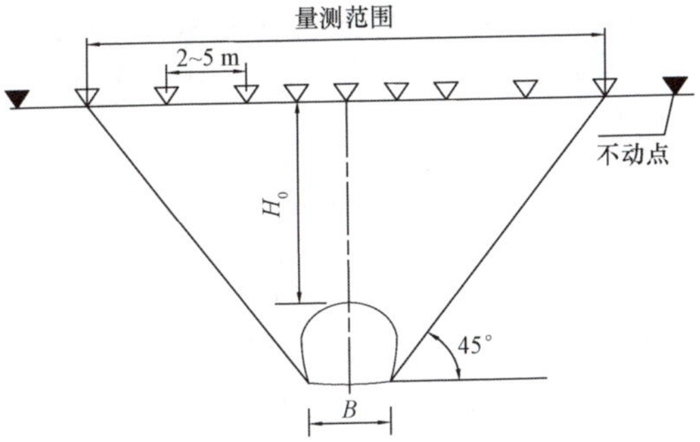

图 6.2.10　地表沉降横向测点布置示意图

6.2.11　拱顶下沉测点和净空变化测点应布置在同一断面上。监测断面及测点按表 6.2.11 的要求布置。拱顶下沉测点原则上设置在拱顶轴线附近。当隧道跨度较大时，应在拱顶部位设置 3 个测点。

表 6.2.11　必测项目监测断面间距

围岩级别	断面间距 /m
V～Ⅵ	5 ～ 10
Ⅵ	10 ～ 30
Ⅲ	30 ～ 50
注：Ⅱ级围岩视具体情况确定间距	

6.2.12　净空变化量测测线数，参照表 6.2.12 布置。

表 6.2.12　净空变化量测测线数

地段开挖方法	一般地段	特殊地段
全断面法	一条水平测线	—
台阶法	每台阶一条水平测线	每台阶一条水平测线、两条斜测线
分部开挖法	每分部一条水平测线	上部每分部一条水平测线、两条斜测线，其余分部一条水平测线

6.2.13　选测项目应根据设计和施工的特殊要求确定，监测断面应视需要而定，优先在施工初始阶段布置。

6.2.14　不同断面的测点应布置在相同部位，测点应尽量对称布置，以便数据的相互验证。

6.2.15　必测项目的监测频率应根据测点到开挖面的距离及位移速度分别按表 6.2.15-1 和表 6.2.15-2 确定。

表 6.2.15-1 按到开挖面的距离确定的监测频率

监测断面到开挖面距离 /m	监测频率
（0～1）B	2 次 /d
（1～2）B	1 次 /d
（2～5）B	1 次 /（2～3）d
＞ 5B	1 次 /7 d

注：1. B——隧道最大开挖宽度。
2. 出现异常情况或不良地质时，应增大监测频率。
3. 由位移速度决定的监测频率和由到开挖面的距离决定的监测频率之中，原则上采用较高的频率值

表 6.2.15-2 按位移速度确定的监测频率

位移速度 /（mm · d^{-1}）	监测频率
≥ 5	2 次 /d
1～5	1 次 /d
0.5～1	1 次 /（2～3）d
＜ 0.5	1 次 /7 d

6.2.16 监控量测控制基准应包括隧道内位移、地表沉降、爆破振动等控制基准。

1）地表沉降控制基准根据地层稳定性、周围建（构）筑物的安全要求分别确定，取最小值；

2）爆破振动控制基准根据支护结构、边坡稳定性、周围建（构）筑物的安全性确定；

3）位移控制基准根据测点到开挖面的距离，可参考表 6.2.16 的要求确定。

表 6.2.16 位移控制基准

类别	距开挖面 B（U_B）	距开挖面 2B（U_{2B}）	距开挖面较远
允许值	65%U_0	90%U_0	100%U_0

注：B——隧道最大开挖宽度；U_0——极限相对位移值

6.2.17 位移管理等级按三级管理，相应的位移管理等级见表 6.2.17。

表 6.2.17 位移管理等级

管理等级	距开挖面 B	距开挖面 2B
Ⅲ	$U < U_B/3$	$U < U_{2B}/3$
Ⅱ	$U_B/3 \leqslant U \leqslant 2U_B/3$	$U_B/3 \leqslant U \leqslant 2U_B/3$

续表

管理等级	距开挖面 B	距开挖面 $2B$
I	$U > 2U_B/3$	$U > 2U_{2B}/3$
注：U——实测位移值		

6.2.18 爆破振动控制按表 6.2.18 进行，并应满足下列要求：

表 6.2.18 爆破振动控制基准

序号	保护对象类别	安全允许振速 / （$cm \cdot s^{-1}$）		
		< 10 Hz	10 ～ 50 Hz	50 ～ 100 Hz
1	土窑洞、土坯房、毛石房屋	0.5 ～ 1.0	0.7 ～ 1.2	1.1 ～ 1.5
2	一般砖房、非抗震的大型砌块建筑物	2.0 ～ 2.5	2.3 ～ 2.8	2.7 ～ 3.0
3	钢筋混凝土结构房屋	0 ～ 4.0	3.5 ～ 4.5	4.2 ～ 5.0
4	一般古建筑与古迹	0.1 ～ 0.3	0.2 ～ 0.4	0.3 ～ 0.5
5	水工隧道	7 ～ 15		
6	交通隧道	10 ～ 20		
7	矿山巷道	15 ～ 30		
8	水电站及发电厂中心控制室设备	0.5		
9	新浇大体积混凝土： 龄期：初凝～ 3 d 龄期：3 d ～ 7 d 龄期：7 d ～ 28 d	 2.0 ～ 3.0 3.0 ～ 7.0 7.0 ～ 12		

注：1. 表列频率为主振频率，是指最大振幅所对应波的频率。
2. 频率范围可根据类似工程或现场实测波形选取。选取频率时亦可参考下列数据：硐室爆破小于 20 Hz；深孔爆破为 10 ～ 60 Hz；浅孔爆破为 40 ～ 100 Hz。
3. 有特殊要求的根据现场具体情况确定

1）选取建筑物安全允许振速时，应综合考虑建筑物的重要性、建筑质量、新旧程度、自振频率、地基条件等因素；

2）省级以上（含省级）重点保护古建筑与古迹的安全允许振速，应经专家论证选取，并报相应文物管理部门批准；

3）选取隧道、巷道安全允许振速时，应综合考虑构筑物的重要性、围岩状况、断面大小、埋深大小、爆源方向、地震振动频率等因素；

4）非挡水新浇大体积混凝土的安全允许振速，可按表 6.2.18 给出的上限值选取。

6.2.19 测试仪器的精度应满足表 6.2.19-1 及表 6.2.19-2 的要求，测试仪器的量程应满足设计要求，并具有良好的防震、防水、防腐性能。

表 6.2.19-1 监控量测必测项目测试精度

序号	监测项目	测试精度
1	拱顶下沉	0.5 ～ 1
2	净空收敛	0.5 ～ 1
3	地表沉降	0.5 ～ 1

表 6.2.19-2 监控量测选测项目测试精度

序号	监测项目	测试精度
1	围岩与初期支护接触压力	≤ 0.5%F.S.
2	喷混凝土应变	±0.1%F.S.
3	钢架应力	拉伸≤ 0.5% F.S.，压缩≤ 1.0% F.S.
4	初期支护与二次衬砌接触压力	≤ 0.5%F.S.
5	二次衬砌内应力	±0.1%F.S.
6	围岩内部位移	0.1 mm
7	隧底隆起	0.5 ～ 1 mm
8	爆破振动速度	1 mm/s
注：F.S.——仪器满量程		

6.3 盾构姿态控制

6.3.1 当盾构轴线偏离设计位置时，必须进行纠偏。

6.3.2 盾构纵坡最大纠偏量可按下式计算：

$$i=(i_{盾}-i_{衬})\leqslant[i] \tag{6.3-1}$$

式中 i——盾构与管片相对坡度；

$i_{盾}$——盾构推进后实际纵坡；

$i_{衬}$——已成隧道管片纵坡；

$[i]$——允许坡度差值。

6.3.3 盾构平面最大纠偏量可按下式计算：

$$\Delta L<S\times\tan\alpha \tag{6.3-2}$$

式中 α——盾构与衬砌允许的水平夹角（°）；

S——两腰对称的千斤顶的中心距（mm）；

ΔL——两腰对称的千斤顶伸出长度的允许差值（mm）。

6.3.4 盾构纠偏需注意如下内容：

1）盾构纠偏采用千斤顶编组、区域油压、仿形刀进行；

2）实施盾构纠偏不得损坏已安装的管片，并保证新一环管片的顺利拼装；

3）实施盾构纠偏必须防止盾尾漏浆而增大地面变形。

6.4 监控量测方法

6.4.1 现场监测应根据设计文件的要求进行测点埋设、日常量测和数据处理，及时反馈信息，并根据地质条件的变化和施工异常情况，及时调整监控量测计划。

6.4.2 现场测点读数应读三次，取其平均值，并详细记录。

6.4.3 施工过程中应进行洞内、外观察，洞内观察可分开挖工作面观察和已施工地段观察两部分，其内容如下：

1）开挖工作面观察应在每次开挖后进行，及时绘制开挖工作面地质素描图、数码成像、填写开挖工作面地质状况记录表和施工阶段围岩级别判定卡，并与勘察资料进行对比。对已施工地段进行观察，记录喷混凝土、锚杆和钢架等的工作状态。

2）洞外观察重点应在洞口段和洞身浅埋段，记录地表开裂、地表塌陷、边坡及仰坡稳定状态、地表水渗漏情况等。

6.4.4 隧道净空收敛量测可采用收敛计或全站仪进行。

1）采用收敛计（图 6.4.4-1）量测时，测点采用焊接或钻孔预埋。

2）采用全站仪（图 6.4.4-2）量测时，测点应采用膜片式回复反射器作为测点靶标，靶标黏附在预埋件上。量测方法包括自由设站和固定设站两种。

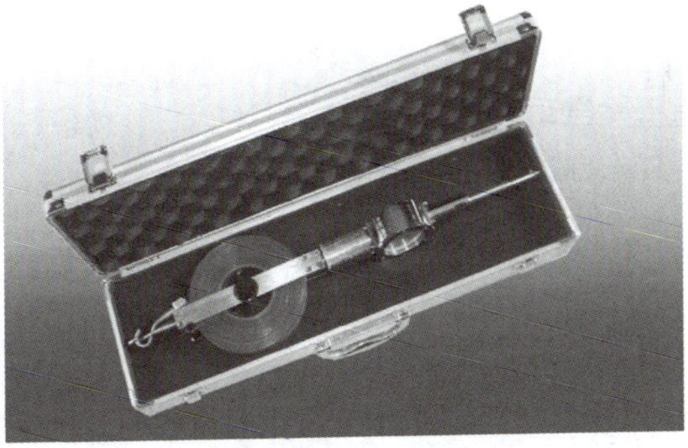

图 6.4.4-1 收敛计

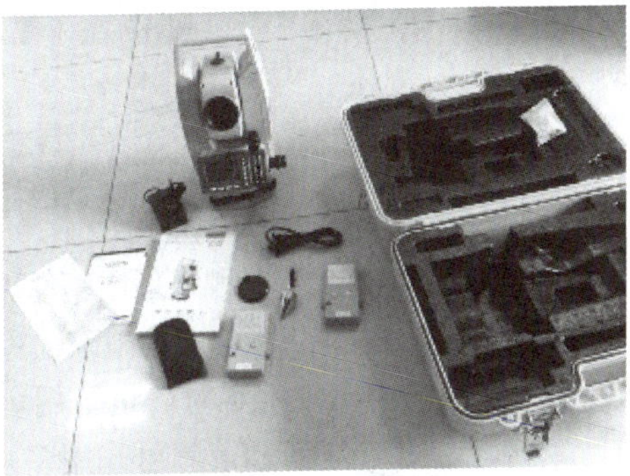

图 6.4.4-2 全站仪

6.4.5 拱顶下沉量测（图 6.4.5-1）可采用精密水准仪和钢挂尺或全站仪进行，在隧道拱顶轴线附近通过焊接或钻孔预埋测点，测点应与隧道外监测基点进行联测（图 6.4.5-2）。

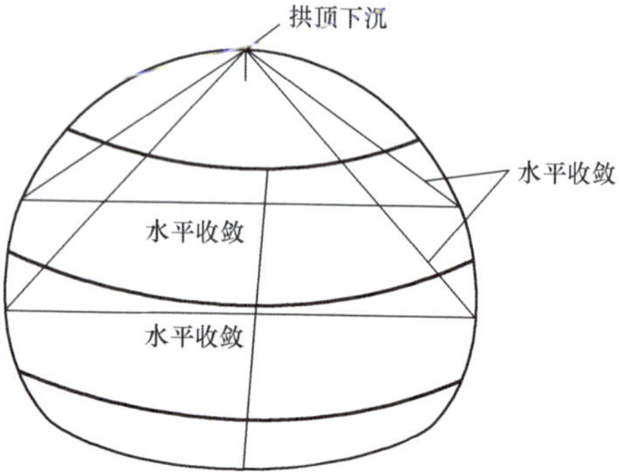

图 6.4.5-1　拱顶下沉量测

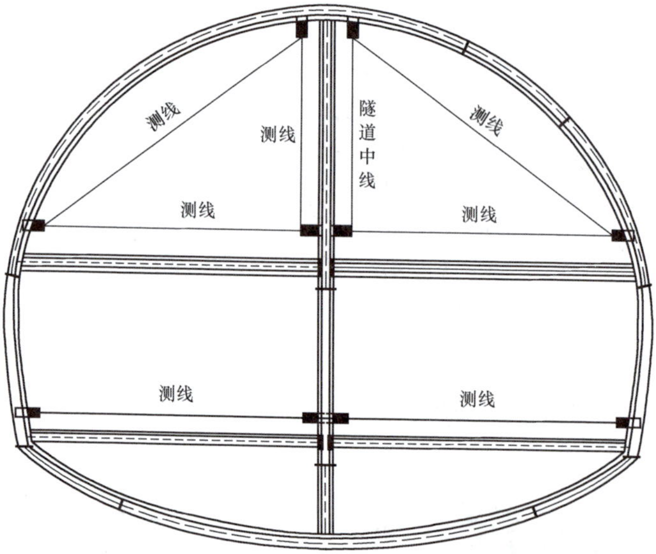

图 6.4.5-2　隧道测线设置

6.4.6 地表沉降监测可采用精密水准仪、铟钢水准尺进行。基点应设置在地表沉降影响范围之外。测点采用地表钻孔埋设，测点四周用水泥砂浆固定。当采用常规水准测量手段出现困难时，可采用全站仪量测。

6.4.7 围岩内变形量测可采用多点位移计，多点位移计应钻孔埋设，通过配套的设备读数。

6.4.8 振弦式传感器通过频率接收仪获得频率读数，依据频率－量测参数率定曲线换算出相应量测参量值。

6.4.9 光纤光栅传感器通过光纤光栅接收仪获得读数，换算出相应量测参量值。

6.4.10 钢架应力量测可采用振弦式传感器、光纤光栅传感器，传感器应成对埋设在钢架的内、外侧，并应满足下列要求：

1）采用振弦式钢筋计或应变计进行型钢应力或应变量测时，应把传感器焊接在钢架翼缘内测点位置；

2）采用振弦式钢筋计进行格栅拱架应力量测时，应将格栅主筋截断并把钢筋计对焊在截断部位；

3）采用光纤光栅传感器进行型钢或格栅拱架应力量测时，应把光纤光栅传感器焊接（氩弧焊）或粘贴在相应测点位置。

6.4.11 接触压力量测可采用振弦式传感器，传感器与接触面要求紧密接触。

6.4.12 混凝土应变量测可采用振弦式传感器、光纤光栅传感器，传感器固定于混凝土结构内的相应测点位置。

6.4.13 爆破振动速度监测可采用振动速度传感器和相应的数据采集设备。传感器固定在预埋件上，通过爆破振动仪自动记录振动速度，分析振动波形和振动衰减规律。

6.4.14 孔隙水压监测可采用孔隙水压计进行，水压计应埋入带刻槽的测点位置，采取措施确保水压计直接与水接触。通过数据采集设备获得各测点读数，并换算出相应孔隙水压力值。

6.4.15 渗漏水量监测可采用三角堰、流量计进行。

6.5 施工复测和控制测量

6.5.1 施工前，应根据工程特点编制施工测量方案，经监理单位审核后报至测量中心单位复审，批准后实施。

6.5.2 施工复测应按下列程序进行：

1）勘测设计单位对施工单位进行交接桩以后，施工单位应对所交接的控制点进行复测，复测应包括下列内容：

（1）GPS 点的基线边长度；

（2）导线点的转角、导线点间的距离；

（3）水准点间的高差；

（4）复测应与相邻标段进行贯通测量，确保标段施工交界处正确衔接。

2）复测结果与设计单位的勘测成果不符时，必须再次复测进行确认，当确认设计单位勘测资料有误或精度不符合规定要求时，应积极与设计单位协商对勘测成果进行改正；

3）控制点复测完成后应编制详细的复测成果书并形成交桩文件，复测成果应报送监理单位和设计单位，复测成果满足要求并经监理单位批复后方可进行后续的测量工作。

6.5.3 隧道长度大于 1 000 m 时，应根据隧道横向贯通精度的要求进行平面控制测量设计。

6.6 掘进施工测量

6.6.1 盾构始发工作井建成后，应采用联系测量方法，将平面和高程测量数据传入井下控制点，并应满足盾构组装、基座和反力架等安装以及盾构始发对测量的要求（图 6.6.1）。

图 6.6.1 反力架及负环管片安装

6.6.2 盾构测量标志点应符合下列规定：

1）应牢固设置在盾构纵向或横向截面上，且不少于 2 个，标志点间距离应尽量大，标志点可粘贴反射片或安置棱镜；

2）标志点间三维坐标系统应和盾构几何坐标系统一致，不一致时，应建立明确的换算关系。

6.6.3 盾构就位后应利用人工测量方法准确测定盾构的初始姿态，盾构自身导向系统测量结果应与人工测量结果一致。

6.6.4 盾构姿态测量应满足下列要求：

1）盾构姿态测量主要内容应包括横向偏差、竖向偏差、俯仰角、方位角、滚转角和切口里程；

2）盾构姿态计算数据精度要求应符合表 6.6.4 的规定；

表 6.6.4 盾构姿态计算数据精度要求

名称	单位	精度要求
横向偏差	mm	1
竖向偏差	mm	1
俯仰角	′	1
方位角	′	1
滚转角	′	1
切口里程	m	0.01

3）盾构配置的导向系统宜具有实时测量功能，人工辅助测量时，测量频率应根据其导向系统精度确定，当盾构始发掘进和距接收工作井 50 m 内时，应增加人工测量频率；

4）当以地下控制导线点和水准点测定盾构测量标志点时，测量误差为 ±3 mm。

6.6.5 衬砌环测量应在完成管片拼装后进行盾尾间隙测量；在衬砌环完成壁后注浆，宜在管片出车架后进行测量，其内容包括衬砌环中心坐标、底部高程、水平直径、垂直直径和前端面里程，测量误差为 ±3 mm。

6.6.6 应根据测量结果及时调整盾构姿态。

6.7 地面控制测量

6.7.1 依据全线既有控制网的现状、坐标和高程系统、布网方法、布网层次和精度等状况，选择适宜的坐标、高程起算控制点，制定盾构施工控制测量方案。平面和高程控制网应与当地控制网联测。

6.7.2 平面控制网通常分为两个等级，一等控制网宜采用 GPS 网，二等控制网宜采用导线网，在满足精度要求的情况下可采用其他方法布网。高程控制网可采用水准测量方法一次布网。

6.7.3 控制网测量技术要求应符合下列规定：

1）一等平面控制网（GPS）测量技术要求应符合表 6.7.3-1 的规定；

表 6.7.3-1 一等平面控制网（GPS）测量技术要求

平均边长 / km	最弱点的点位中误差 /mm	相邻点的相对点位中误差 /mm	最弱边的相对中误差	与现有控制点的坐标较差 /mm
2	±12	±10	1/100 000	≤ 50

2）二等平面控制网（导线）测量技术要求应符合表 6.7.3-2 的规定；

表 6.7.3-2　二等平面控制网（导线）测量技术要求

平均边长/m	导线长度/km	每边测距中误差/mm	测距相对中误差	测角中误差/（″）	测回数		方位角闭合差/（″）	全长相对闭合差	相邻点的相对点位中误差/mm
					DJ1	DJ2			
350	3～4	±4	1/60 000	±2.5	4	6	±5	1/35 000	±8

3）高程控制网（水准）测量技术要求应符合表 6.7.3-3 的规定。

表 6.7.3-3　高程控制网（水准）测量技术要求

每千米高差中数中误差/mm		路线长度/km	水准仪等级	水准尺	观测次数		往返较差、附合或环线闭合差	
偶然中误差	全中误差				与已知点联测	附合或环线	平地/mm	山地/mm
±2	±4	2～4	DS1	铟钢尺或条码尺	往返各一次	往返各一次	±8	±2
注：*L*——往返测段、附合或环线的路线长度（km），*n*——单程的测站数								

6.7.4　在盾构始发和接收工作井间必须建立统一的施工控制测量系统，每个井口应布设不少于 3 个控制点。

6.7.5　当水准路线跨越江、河、湖、海时，应进行跨河水准测量。跨河水准测量可采用光学测微法、倾斜螺旋法、经纬仪倾角法和测距三角高程法等，并应执行《国家一、二等水准测量规范》（GB/T 12897—2006）的规定。视线长度小于 100 m 时，可采用一般方法进行水准测量。

6.7.6　全线或部分采用盾构法施工都应了解施工地区坐标和高程系统以及已有控制网布设的方法、层次、精度等情况，这样才能制定合理的盾构施工控制测量方案。

6.7.7　通常地面控制网是在现有高一级控制网下加密的施工控制网；如果由于条件限制，只能布设独立的专用控制网，有条件时，应与当地高一级控制网进行联测。施工平面一等控制网应在已有的国家二等三角网或 B 级 GPS 控制网下布设。二等控制网应在国家 C 级 GPS 控制网或国家三等三角网下布设。

6.7.8　高程控制网应在已有的国家二等水准网的基础上一次布设全面网。本指南相应规定的主要技术要求是根据《城市轨道交通工程测量规范》（GB/T 50308—2017）制定的。上述技术要求是以贯通测量距离小于 2 km、平面贯通测量误差为 ±50 mm、高程贯通测量误差为 ±25 mm 设计的。若依据的技术条件发生变化，则应重新制定技术要求。

6.7.9 地面近井导线和近井高程路线采用附合路线形式可进行路线检核，提高测量精度，近井导线和高程测量技术要求与地面控制相同，同样是为了提高近井点的测量精度。

6.8 地下控制测量

6.8.1 地下控制测量（图 6.8.1）主要内容包括地下施工导线测量、施工控制导线测量和地下施工水准测量、施工控制水准测量。

图 6.8.1 地下控制测量

6.8.2 地下控制测量起算点必须采用直接从地面通过联系测量传递到工作井下的平面和高程控制点，通常地下平面起算点不应少于 3 个，起算方位边不应少于 2 条，高程起算点不应少于 2 个。

6.8.3 控制点应埋设在稳定的隧道结构上，通常位于隧道两侧或顶、底板便于观测的位置，并应埋设强制对中装置。

6.8.4 地下控制网一般为支导线和支水准路线，有联络通道时，应形成附合路线或结点网。

6.8.5 施工导线和施工控制水准应随隧道掘进布设，直线隧道掘进长度大于 200 m 或到达曲线段时，应布设施工控制导线和施工控制水准。

6.8.6 施工控制导线应满足下列技术要求：

1）直线隧道的导线平均边长宜为 150 m，曲线隧道的导线平均边长宜为 60 m；

2）采用 DJ2 全站仪施测，左、右角各测 2 测回，左、右角平均值之和与 360° 较差应小于 6″；

3）导线点横向中误差 m_u 宜满足下列要求：

$$m_u \leqslant m \times 4l_d/5L_d \tag{6.8-1}$$

式中 m_u——导线点横向中误差（mm）；

m——贯通中误差（mm）；

l_d——导线长度（m）；

L_d——贯通距离（m）。

6.8.7 施工控制水准应符合下列规定：

1）水准点宜按每 200 m 间距设置 1 个；

2）水准点可利用导线点，也可单独埋设；

3）水准测量技术要求应符合表 6.7.3-3 的规定。

6.8.8 延伸地下控制导线和控制水准时，应对现有施工控制点进行检测，并选择稳定点进行延伸测量。

6.8.9 在隧道贯通前，地下控制导线和控制水准测量应不少于 3 次，重合点坐标较差应小于 10 mm，且应采用平均值作为测量结果。

6.8.10 当采用支导线方法布设地下控制网不能满足隧道贯通中误差要求时，应采用布设导线网或加测陀螺边等方法，也可使用高精度测量仪器。

6.8.11 联系三角形定向方法和陀螺仪与垂准仪联合定向法都是竖井定向测量常用的方法。对传统联系三角形定向精度可以按下式进行估算：

$$M_{\alpha\theta}=\pm\sqrt{M_{上}^{2}+M_{下}^{2}+\theta^{2}} \tag{6.8-2}$$

式中 $M_{上}$——地上连接误差；

$M_{下}$——地下连接误差；

θ——投向误差。

6.8.12 陀螺仪与垂准仪联合定向法的定向精度取决于陀螺仪本身的定向精度。陀螺仪与垂准仪联合定向采用双投点、双定向的作业方法，采用定向精度比较高的陀螺仪进行定向，一次定向中误差可以小于 5″。

6.8.13 陀螺仪定向以前的各个环节的方向测量误差不累计，垂准仪投点误差比较大，但其作为一个误差常量影响贯通中误差。导入高程测量以在竖井内悬吊钢尺进行高程传递测量为主要方法，每次观测要独立，要有检核条件和措施。

6.8.14 盾构施工 60 m 以后，隧道结构已经趋于稳定，在稳定处设置地下控制点。导线点的稳定情况，通过重复测量确定，一般不少于 3 次。导线点应采用强制对中装置，控制点可在隧道两侧交叉设置。直接用于盾构施工测量的控制点，可设置在隧道顶板上或隧道两侧。

6.8.15 施工控制导线点横向中误差是依据导线长度与贯通距离之比并乘以 4/5 计算的。施工控制导线最远点横向中误差通常以不大于贯通中误差即满足要求，但是为提高施工控制导线点精度，并考虑下一级施工导线的误差，取 4/5 作为比例系数。

6.8.16 每次控制测量必须对施工控制点进行检测。当贯通中误差要求不变，隧道贯通距离大于本指南规定的长度时，应采取下列措施增强地下控制网强度，提高测量精度：

1）地下控制测量布设形式可以采用图形强度比较高的布网形式。

2）在地下导线测量中，加测一定数量的陀螺方位角，可以限制测角误差的积累，提高定向精度；同时，在某些受折光影响大的导线边上加测陀螺方位角，还可以消除和减弱系统误差对方位的影响。

3）从地面向地下钻孔，增加地上和地下联系测量次数。

6.8.17 线路地表沉降观测断面设置按《城市轨道交通工程测量规范》（GB/T 50308—2017）进行。变形量测频率按《城市轨道交通工程测量规范》（GB/T 50308—2017）执行，工作中可根据地层条件、实测变形量和变形速率调整量测频率。变形测量等级划分及精度要求见表 6.8.17-1。

表 6.8.17-1 变形测量等级划分及精度要求

变形测量等级	垂直位移测量		水平位移测量	适用范围
	变形点的高程中误差 /mm	相邻变形点的高差中误差 /mm	变形点的点位中误差 /mm	
一级	±0.3	±0.1	±1.5	变形特别敏感的高层、高耸建（构）筑物、精密工程设施、地下管线等
二级	±0.5	±0.3	±3.0	变形比较敏感的高层、高耸建（构）筑物、重要工程设施、地下管线、隧道拱顶下沉、结构收敛等
三级	±1.0	±0.5	±6.0	一般性高层、高耸建（构）筑物、地下管线等
四级	±2.0	±1.0	±12.0	观测精度要求低的建（构）筑物、地下管线等

变形测量的主要方法和精度要求见表 6.8.17-2 ～表 6.8.17-4。

表 6.8.17-2 垂直位移监测网的主要技术要求

等级	相邻基准点的高差中误差 /mm	每站高差中误差 /mm	往返较差、附合或环线闭合差 /mm	检测已测高差较差 /mm	使用仪器、观测方法及要求
一级	±0.3	±0.07	$\pm 0.15\sqrt{n}$	±0.2	DS05 水准仪，宜按国家一等水准测量技术要求施测，观测限差从严掌握
二级	±0.5	±0.13	$\pm 0.30\sqrt{n}$	±0.5	DS05 水准仪，宜按国家一等水准测量技术要求施测
三级	±1.0	±0.30	$\pm 0.60\sqrt{n}$	±0.8	DS1 水准仪，宜按国家二等水准测量技术要求施测

续表

等级	相邻基准点的高差中误差 /mm	每站高差中误差 /mm	往返较差、附合或环线闭合差 /mm	检测已测高差较差 /mm	使用仪器、观测方法及要求
四级	±2.0	±0.70	$\pm 1.40\sqrt{n}$	±2.0	DS3 水准仪，宜按国家三等水准测量技术要求施测
注：n——测段的测站数					

表 6.8.17-3　水平位移监测网的主要技术要求

等级	相邻基准点的点位中误差 /mm	平均边长 /m	测角中误差 /（″）	最弱边相对中误差	作业要求
一级	±1.5	＜ 300	±0.7	≤ 1/250 000	宜按国家一等三角测量技术要求观测
		＜ 150	±1.0	≤ 1/120 000	宜按国家二等三角测量技术要求观测
二级	±3.0	＜ 300	±1.0	≤ 1/120 000	宜按国家二等三角测量技术要求观测
		＜ 150	±1.8	≤ 1/70 000	宜按国家三等三角测量技术要求观测
三级	±6.0	＜ 350	±1.8	≤ 1/70 000	宜按国家三等三角测量技术要求观测
		＜ 200	±2.5	≤ 1/40 000	宜按国家四等三角测量技术要求观测
四级	±12.0	＜ 400	±2.5	≤ 1/40 000	宜按国家四等三角测量技术要求观测

表 6.8.17-4　沉降观测点的精度要求和观测方法

等级	高程中误差 /mm	相邻点的高差中误差 /mm	观测方法	往返较差、附合或环线闭合差 /mm
一级	±0.3	±0.15	除宜按国家一等水准测量技术要求施测外，还需设双转点，视线≤ 15 m，前后视距差≤ 0.3 m	$0.15\sqrt{n}$
二级	±0.5	±0.30	宜按国家一等水准测量技术要求施测	$0.30\sqrt{n}$
三级	±1.0	±0.50	宜按国家二等水准测量技术要求施测	$0.60\sqrt{n}$
四级	±2.0	±1.00	宜按国家三等水准测量技术要求施测，电磁波测距三角高程测量	$1.40\sqrt{n}$
注：n——测段的测站数				

回归分析常用函数如下：

$U = A \times \lg(1 + t)$

$U = A \times e - Bt$

$U = t/(A + Bt)$

$U = A(1 - e - Bt)$

$U = A + B/[\lg(1 + t)]$

$U = A\{1 - [1/(1 + Bt)]^2\}$

式中 U——位移值（mm）；

A、B——回归系数；

t——测点埋设后的时间。

6.9 联系测量

6.9.1 联系测量主要包括地面近井导线测量和近井高程测量、工作井定向测量和导入高程测量，以及地下近井导线测量和近井高程测量等。

6.9.2 地面近井导线和近井高程路线应采用附合路线形式。

6.9.3 采用联系三角形方法进行工作井定向测量时应符合下列规定：

1）每次应独立定向 3 次；

2）悬吊钢丝间距 c 值应尽量大；

3）联系三角形应成直伸形；

4）a/c（或 a_1/c）一般应不大于 1.5（a 和 a_1 分别为地面和地下连接点与其最近钢丝的距离）；

5）仪器至钢丝的距离可采用钢尺丈量或在钢丝上粘贴反射片进行电磁波测距得到，地面、地下同一边测量较差应小于 2 mm；

6）角度观测应使用 DJ2 经纬仪或同等测角精度的全站仪，采用全圆测回法观测四测回，测角中误差为 ±2″；

7）各测回测定的地下起始边方位角较差应小于 20″，方位角平均值中误差为 ±12″。

6.9.4 采用陀螺仪和垂准仪组合定向时应符合下列规定：

1）全站仪标称精度不应低于 2″，$2\,mm + 2\,mm \times 10^{-6} \times D$（$D$ 为测量距离，km）；

2）陀螺仪 1 次定向精度应小于 20″；

3）垂准仪投点中误差为 ±3 mm；

4）同一边应定向 3 次，每测回间陀螺方位角较差应小于 20″，独立三次定向陀螺方位角平均值中误差为 ±12″。

6.9.5 导入高程测量应符合下列规定：

1）在工作井内悬吊钢尺进行高程传递测量时，地面、地下的两台水准仪应同时读数，并在钢尺上悬吊与检定钢尺时相同质量的重锤；

2）传递高程时应独立进行 3 次测量，高程较差应小于 3 mm；

3）高差应进行温度、尺长改正。

6.9.6 地下应埋设永久近井点。近井导线点不应少于 3 个，点间边长宜大于 50 m；近井高程点不应少于 2 个。

6.9.7 在贯通区间始发工作井联系测量应不少于 3 次，在初始掘进 50 ～ 100 m 及贯通前 200 m 处，应进行联系测量。

6.10 贯通测量

6.10.1 隧道贯通后应进行贯通测量，测量内容包括隧道的纵、横向和高程贯通中误差测量。

6.10.2 贯通测量时，应在贯通面设置贯通相遇点。

6.10.3 纵、横向贯通中误差，可利用隧道贯通面两侧平面控制点测定贯通相遇点的坐标闭合差确定，也可利用隧道贯通面两侧中线在贯通相遇点的间距测定；隧道的纵、横向贯通中误差应投影到线路的法线方向上。

6.10.4 应利用隧道贯通面两侧高程控制点进行高程贯通中误差测量。

6.11 竣工测量

6.11.1 隧道贯通后以始发和接收工作井内的控制点为起算点，对隧道内的导线点和水准点分别重新组成附合路线或附合网，测量结果作为后续施工的测量依据。

6.11.2 隧道竣工测量主要内容应包括隧道轴线平面偏差、高程偏差、衬砌环椭圆度以及隧道纵、横断面等。

6.11.3 地铁、铁路隧道一般直线段每 12 m、曲线段每 5 m 测量 1 个横断面，断面上的测点位置、数量应按设计要求确定；公路、水工隧道应按设计要求确定断面间距和测点位置。

6.11.4 横断面测量可采用全站仪极坐标法或断面仪等进行，测量误差为 ±10 mm。

6.11.5 竣工测量结果应按要求归档，并作为隧道验收依据。

6.12 量测数据处理与应用

6.12.1 监控量测数据的分析处理应包括监测资料的整理、计算和分析。

6.12.2 每次观测后应立即对原始观测数据进行校核和整理，包括原始观测值的校验、物理量的计算、填表制图、误差处理、异常值的剔除、初步分析等，并将校验过的数据输入数据库管理系统。

6.12.3 监控量测数据的计算分析主要包括以下内容：

1）拱顶下沉、净空收敛的位移量，绘制时态曲线；

2）围岩压力与支护间接触压力值，绘制时态曲线和断面压力分布图；

3）初期支护、二次衬砌应力（应变）值，绘制时态曲线，反算结构内力并绘制断面内力分布图；

4）地表沉降值，绘制横向和纵向时态曲线；

5）孔隙水压力值，绘制孔隙水压力的时态曲线及孔隙水压力与深度的关系曲线；

6）爆破振动速度，绘制振动速度与测点至震源距离关系曲线。

6.12.4 在分析监测数据时，根据散点图进行回归分析，可采用如下指数模型：

$$U=A\left(e^{-B/t}-e^{-B/t_0}\right) \tag{6.12-1}$$

式中 U——变形值；

A、B——回归系数；

t_0——测点的初始观测时间（天）；

t——测点的观测时间（天）。

6.12.5 应力（应变）监测结果可参照位移回归分析进行确定。

6.12.6 爆破振动安全允许距离，可根据爆破振动速度按式（6.12-2）计算。

$$R=\left(\frac{K}{V}\right)^{\frac{1}{a}}\cdot Q^{\frac{1}{3}} \tag{6.12-2}$$

式中 R——爆破振动安全允许距离（m）；

Q——炸药量，齐发爆破为总药量，延时爆破为最大一段药量（kg）；

V——保护对象所在地质点振动安全允许速度（cm/s）；

K——与爆破点至计算保护对象间的地形、地质条件有关的系数和衰减指数，可按表 6.12.6 选取，或通过现场试验确定。

表 6.12.6 爆破区不同岩性的 K、δ 值

岩性	K	δ
坚硬岩	50 ~ 150	1.3 ~ 1.5
中硬岩	150 ~ 250	1.5 ~ 1.8
软岩	250 ~ 350	1.8 ~ 2.0

6.12.7 监控量测信息反馈方法可采用经验类比法或理论分析法。施工现场以经验类比法为主，重要工程应综合应用以上两类方法。

6.12.8 工程安全性评价应根据位移管理等级进行，并采取表 6.12.8 中所列的相应工程对策。

表 6.12.8 工程对策

管理等级	工程对策
Ⅲ	正常施工
Ⅱ	加强监测
Ⅰ	采取相应工程措施并加强监测

7 盾构选型的原则

7.1 一般规定

7.1.1 盾构选型应从安全适应性（也称可靠性）、技术先进性、经济性等方面综合考虑。所选择的盾构形式要能尽量减少辅助施工法，并确保开挖面稳定和适应围岩条件，同时还要综合考虑以下因素：

1）可以合理使用的辅助施工法如降水法、气压法、冻结法和注浆法等；

2）满足工程隧道施工长度和线形的要求；

3）后配套设备、始发设施等能与盾构的开挖能力配套；

4）盾构的工作环境。

7.1.2 盾构选型总的原则是安全适应性第一位，以确保盾构法施工的安全可靠；在安全可靠的前提下再考虑技术先进性，即技术先进性第二位；盾构的价格，即经济性第三位。

盾构选型时主要遵循下列原则：

1）应对工程地质、水文地质有较强的适应性，首先要满足施工安全的要求；

2）安全适应性、技术先进性、经济性相统一，在安全可靠的前提下，考虑技术先进性和经济性；

3）满足隧道外径、长度、埋深、施工场地、周围环境等条件；

4）满足安全、质量、工期、造价及环保要求；

5）后配套设备的能力与主机配套，生产能力与主机掘进速度相匹配，同时具有施工安全、结构简单、布置合理和易于维护保养的特点；

6）考虑盾构制造商的知名度、业绩、信誉和技术服务。

7.2 盾构选型的依据

盾构选型应以工程地质、水文地质为主要依据，综合考虑周围环境条件、隧道断面尺寸、施工长度、埋深、线路的曲率半径、沿线地形、地面及地下构筑物等环境条件，以及周围环境对地面变形的控制要求的工期、环保等因素。选型时的主要依据如下：

1）工程地质、水文地质条件：颗粒分析及粒度分布，单轴抗压强度，含水率，砾石直径，液限及塑限，黏聚力，内摩擦角，土粒密度，孔隙率及孔隙比，地层反力系数，压密特性，弹性波速度，孔隙水压，渗透系数，地下水位（最高值、最低值、平均值），地下水的流速、流向，河床变迁情况等；

2）隧道长度：隧道纵断面及横断面形状、尺寸等设计参数；

3）周围环境条件：地上及地下建（构）筑物分布，地下管线埋深及分布，沿线河流、湖泊、海洋的分布，沿线交通情况，施工场地条件，气候条件，水电供应情况等；

4）隧道施工工程筹划及节点工期要求；

5）宜用的辅助工法；

6）技术经济比较。

7.3 盾构选型的主要步骤

7.3.1 在对工程地质条件、水文地质条件、周围环境、工期要求、经济性等充分研究的基础上，选定盾构的类型；对敞开式、闭胸式盾构进行比选。

7.3.2 在确定选用闭胸式盾构后，根据地层的渗透系数、颗粒级配、地下水压、环保、辅助施工方法、施工环境、安全等因素，对土压平衡盾构（图 7.3.2-1）和泥水式盾构（图 7.3.2-2）进行比选。

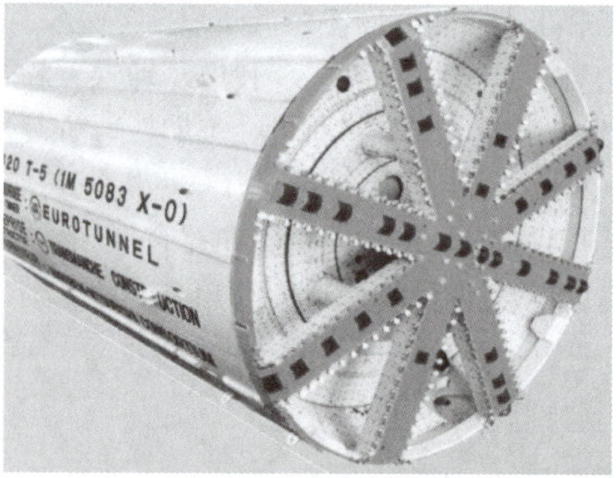

图 7.3.2-1 土压平衡盾构

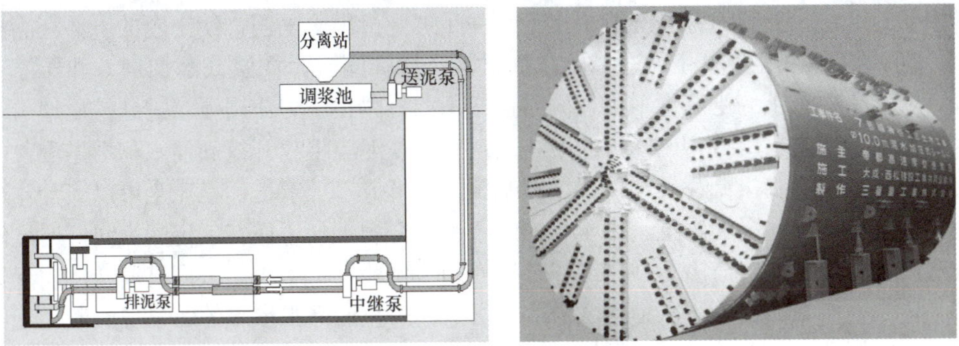

图 7.3.2-2　泥水式盾构

7.3.3　根据详细的地质勘探资料，对盾构各主要功能部件进行选择和设计，并根据地质条件等，确定盾构的主要技术参数。

7.3.4　根据地质条件，选择与盾构掘进速度相匹配的盾构后配套施工设备。

7.3.5　对于泥水式盾构掘进，泥浆管理主要包括泥浆制作、泥浆性能检测、送排泥浆压力、排渣量的计算与控制、泥浆分离等。泥浆性能包括物理稳定性、化学稳定性、相对密度、黏度、含砂率、pH 值等。为了控制泥浆特性，特别是在选定配合比和新浆调制期间，应对上述泥浆性能进行测试。在盾构掘进中，泥浆检测的主要项目是相对密度、黏度和含砂率。根据地层条件的变化以及泥水分离效果，需要对循环泥浆质量进行调整，使其保持在最佳状态。调整方法主要是向泥浆中添加分散剂、增黏剂、黏土颗粒等添加剂，必要时须舍弃劣质泥浆，制作新浆。

7.3.6　土压平衡盾构一般有三种掘进模式，即敞开模式、局部气压模式和土压平衡模式（EPB），每一种掘进模式具有各自的特点和适用条件。

1）敞开模式：土压平衡盾构面对开挖面是稳定性较好的岩层时，可以采用敞开式掘进，不用调整土仓压力。敞开式掘进模式一般用于地层自稳条件比较好的场合，即使不对开挖面进行连续压力平衡，在短时间内也可保证开挖面不失稳，土体不坍塌，在能够自稳、地下水少的地层多采用这种模式。盾构切削下来的渣土进入土仓内即刻被螺旋输送机排出，土仓内仅有极少量的渣土，使得土仓基本处于清空状态，掘进中刀盘和螺旋输送机所受反扭力较小。采用敞开模式掘进时，以滚刀破岩为主，采用高转速、低扭矩和适宜的螺旋输送机转速推进，同步注浆时浆液可能渗流到盾壳与周围岩体间的空隙甚至刀盘处，为避免此现象发生，可采取适当增大浆液黏度、缩短浆液凝结时间、调整注浆压力、管片背后补充注浆等方法来解决。

2）局部气压模式：局部气压模式也称半敞开式。土压平衡盾构对于开挖面具有一定的自稳性，可以采用半敞开式掘进；调节螺旋输送机的转速，土仓内保持 2/3 左右的渣土。如果掘进中遇到围岩稳定，但富含地下水的地层，或者施工断面上大部分围岩稳定，仅有局部会出现失压崩溃的地层或者破碎带时，应增大推进速度以求得快速通过，并暂时停止螺旋机出土，关闭螺旋机出土闸门，使土仓的下部充满渣土。向开挖面和土仓中注入适量的添加材料（如膨润土、泥浆或添加剂）和压缩空气，使土仓内渣土的泌水性增加，同时也使添加材料在压力作用下渗进开挖面地层，在开挖面上产生一层致密的“泥膜”，通过气压和泥膜阻止开挖面涌水和坍塌现象的发生，再控制螺旋机低速转动以保证在螺旋机中形成“土塞”，是完全可以安全快速地通过这类不良地层的，掘进中土仓内的渣土未充满土仓，还有一定的空间，通过向土仓内输入压缩空气与渣土共同支撑开挖面和防止地下水渗入。该掘进模式适用于具有一定自稳能力和地下水压力不太大的地层，其防止地下水渗入的效果主要取决于压缩空气的压力，在上软下硬地层施工时多采用这种模式。在上软下硬地层施工时以滚刀破岩为主破碎硬岩，以齿刀、刮刀为主切削土层，在河底段掘进时，需要添加泡沫剂聚合物、膨润土等改善渣土的止水性，以使土仓内的压力稳定平衡。

3）土压平衡模式：土压平衡盾构对于开挖地层稳定性不好或有较多地下水的软质岩地层时，需采用土压平衡模式（即 EPB 模式）；此时需根据前面地层的不同，保持不同的渣仓压力。

7.4 盾构选型的主要方法

7.4.1 根据地层的渗透系数进行选型。地层的渗透系数对于盾构的选型是一个很重要的因素。通常，当地层的渗透系数小于 10^{-7} m/s 时，可以选用土压平衡盾构；当地层的渗透系数为 10^{-7} m/s ～ 10^{-4} m/s 时，既可以选用土压平衡盾构，也可以选用泥水式盾构；当地层的渗透系数大于 10^{-4} m/s 时，宜选用泥水式盾构。根据地层的渗透系数与盾构类型的关系，若地层以各种级配富水的砂层、砂砾层为主，宜选用泥水式盾构；其他地层宜选用土压平衡盾构（图 7.4.1）。

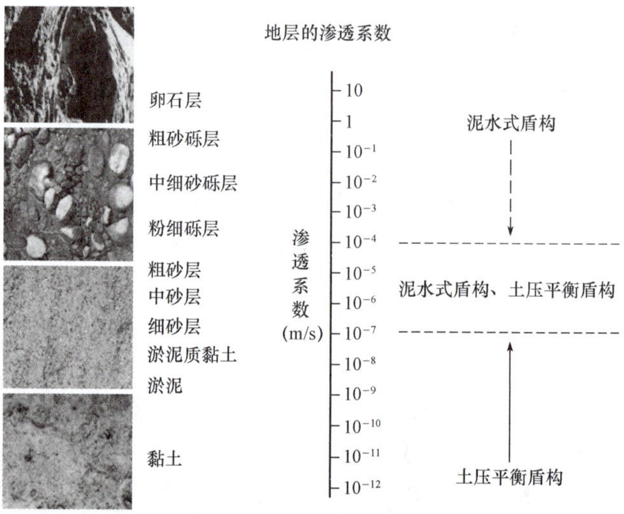

图 7.4.1 渗透系数与盾构选择关系

7.4.2 根据地层的颗粒级配进行选型。一般来说，当岩土中的粉粒和黏粒的总量达到 40% 以上时，宜选用土压平衡盾构，相反的情况选择泥水式盾构比较合适。粉粒的绝对大小通常以 0.075 mm 为界。

7.4.3 根据地下水压进行选型。当水压大于 0.3 MPa 时，适合采用泥水式盾构。如果采用土压平衡盾构，螺旋输送机难以形成有效的“土塞”效应，在螺旋输送机排土闸门处易发生渣土喷涌现象，引起土仓中土压力下降，导致开挖面坍塌。当水压大于 0.3 MPa 时，如因地质原因需采用土压平衡盾构，则需增大螺旋输送机的长度，或采用二级螺旋输送机，或采用保压泵。

7.4.4 考虑环保、工程地质和安全因素。

1）环保因素：对于泥水式盾构而言，虽然经过过筛、旋流、沉淀等程序，可以将弃土浆液中的一些粗颗粒分离出来，并通过汽车、船等工具运输弃渣，但泥浆中的悬浮或半悬浮状态的细土颗粒仍不能被完全分离出来，而这些物质又不能随意处理，这就成为使用泥水式盾构的一大难题。降低污染，防止将这些泥浆弃置江河湖海等水体中，避免造成范围更大、更严重的污染。

2）工程地质因素：盾构施工段工程地质的复杂性主要反映在基础地质（主要是围岩岩性）和工程地质特性的多变方面。在一个盾构施工段或一个盾构合同标段中，某些部分的施工环境适合选用土压平衡盾构，但某些部分又很适合选用泥水式盾构。盾构选型时应综合考虑，并对不同选择进行风险分析后择其优者。

3）安全因素：从保持工作面的稳定、控制地面沉降的角度来看，当隧道断面较大时，使用泥水式盾构要比使用土压平衡盾构的效果好一些，特别是在河湖等水体下、密集的建筑物或构筑物下及上软下硬的地层中施工时。在这些特殊的施工环境中，施工过程的安全性将是盾构选型时的一项极其重要的参考标准，如北京铁路地下直径线最终选择了泥水式盾构。

7.5 盾构形式的选择

7.5.1 土压平衡盾构主要适用于粉土、粉质黏土、淤泥质粉土、粉砂层等黏稠土壤的施工。

7.5.2 盾构在向前推进的同时，螺旋输送机排土，使排土量等于开挖量，即可使开挖面的地层始终保持稳定。

根据以上内容，土压平衡盾构主要分为两种：一种是适用于含水量和粒度组成比较适中，开挖面土砂可直接流入土仓及螺旋输送机内，从而维持开挖面稳定的土压式盾构；另一种是对应于砂粒含量较多而不具有流动性的土质，需通过水、泡沫、泥浆等添加材料，使泥土压力可以很好地传递到开挖面的加泥式土压平衡盾构。

土压平衡盾构根据土压力的状况进行开挖和推进，通过检查土仓压力，不但可以控制开挖面的稳定性，还可以减少对周围地基的影响。土压平衡盾构一般不需要实施辅助工法。

加泥式土压平衡盾构可以适用于冲积砂砾、砂、粉土、黏土等固结度比较低的软弱地层、洪积地层以及软硬不均地层，在土质方面的适用性最为广泛。但在高水压下（> 0.3 MPa），仅用螺旋输送机排土难以保持开挖面的稳定性，还需安装保压泵或进行切削土的改良。

7.5.3 泥水式盾构是通过施加略高于开挖面水土压力的泥浆压力来维持开挖面的稳定。除泥浆压力外，合理选择泥浆的状态也可增加开挖面的稳定性。泥水式盾构比较适合河底、江底、海底等高水压条件下的隧道施工。

泥水式盾构使用送排泥泵通过管道从地面直接向开挖面进行送排泥，开挖面完全封闭，具有高安全性和良好的施工环境。既不对围岩产生过大的压力，也不会受到围岩压力的反压，对周围地基影响较小。一般不需辅助施工。特别是在开挖断面较大时，在控制地表沉降方面优于土压平衡盾构。

泥水式盾构适用于冲积形成的砂砾、砂、粉砂、黏土层、弱固结的互层，以及含水率高、开挖面不稳定的地层；洪积形成的砂砾、砂、粉砂、黏土层，以及含水率很高、固结松散、易于发生涌水破坏的地层。但对于难以维持开挖面稳定的高透水地层、砾石地层，有时也要考虑采用辅助工法。

根据控制开挖面泥浆压力方式的不同，泥水式盾构有两种：一种是日本体系的直接控制型，另一种是德国体系的间接控制型（即气压复合控制型）。直接控制型的泥水仓为单仓结构形式；间接控制型的泥水仓为双仓结构，前仓称为开挖仓，后仓称为气垫调压仓。开挖仓内完全充满受压的泥浆后，平衡外部水土压力，开挖仓内的受压泥浆通过沉浸墙的下面与气垫仓相连。

隧道开挖过程中，直接控制型泥水式盾构开挖仓内的泥水压力波动较大，一般为 0.05 ～ 0.1 MPa。

间接控制型泥水式盾构的气垫调压仓通过压缩空气系统精确进行控制和调节压力，开挖仓内的压力波动较小，一般为 0.01 ～ 0.02 MPa，泥浆管路内的浮动变化将被准确、迅速平衡，减少了外界压力的变化对开挖面稳定造成的影响。

7.5.4 手掘式盾构由于头部敞开，因此，比较适用于软硬不均的开挖面，以及砾石、卵石等地层。手掘式盾构是以开挖而能够长时间自稳为基本条件，在开挖面不够稳定时，需通过注浆进行地基加固；在地下水水位较高会有涌水而影响开挖面稳定性时，需采取降水等辅助措施。

一般来说，洪积形成的砂砾、砂、固结粉砂、黏土层易于自稳，最适于使用手掘式盾构。冲积形成的松散砂、粉砂、黏土层、开挖面不能自稳，需采取辅助措施。

7.5.5 半机械式盾构适用于开挖面可以自稳的围岩条件。适合的土质主要是洪积形成的砂砾、砂、固结粉砂及黏土，对于软弱的冲积层是不适用的。在使用辅助工法方面同手掘式盾构，目前已基本被淘汰。

7.5.6 机械式盾构的刀盘有面板式和辐条式两种。面板式刀盘的机械式盾构是通过面板来维持开挖面稳定，并通过开口率解决块石、卵石的排出问题；辐条式刀盘的机械式盾构一般用于开挖面易于稳定的小断面施工，针对块石、卵石使用。机械式盾构与手掘式、半机械式盾构相同，主要用于开挖易自稳的洪积地层，对开挖不易自稳的冲积地层，应结合压气施工、地下降水、注浆加固等辅助工法使用，由于需使用辅助工法，目前已基本被淘汰。

7.5.7 挤压式盾构适用于非常软弱的地层，最适合冲积形成的粉质砂土层。由于是从开口部排出土砂，因此不能用于硬质地层。另外，砂粒含量如果太大，会出现土砂压缩而造成堵塞。相反，如果地层的液性指数太高，则很难控制土砂的流入，会出现过量取土的现象。

7.5.8 盾构工作过程的力学参数计算。

1）盾构外径：盾构外径取决于管片外径，盾尾间隙主要考虑保证管片安装和修正蛇行时的最小富余量。盾尾间隙在施工时既可以满足管片安装又可以满足修正蛇行的需要，同时应考虑盾构施工中一些不可预见的因素，盾底间隙一般为25 ～ 40 mm。

2）刀盘开挖直径：刀盘开挖直径应考虑刀盘外圈防磨板磨损后仍能保证正确的开挖直径。在软土地层施工时，刀盘开挖直径一般大于前盾外径 0 ～ 10 mm；在砂卵石地层或硬岩地层施工时，刀盘的磨损较严重，刀盘开挖直径一般应大于前盾外径 30 mm。

3）盾壳长度：盾壳长度 L 由前盾（切口环）、中盾（支承环）、盾尾三部分组成。根据国外盾构设计经验，一般在盾构直径确定后，盾构灵敏度值（即盾壳总长 L 与盾构外径 D 之比）的参考值 ξ 如下：

小型盾构（$D \leqslant 3.5$ m）：$\xi = 1.2 \sim 1.5$；

中型盾构（3.5 m $< D \leqslant 9$ m）：$\xi = 0.8 \sim 1.2$；

大型盾构（$D > 9$ m）：$\xi = 0.7 \sim 0.8$。

4）盾构重力：盾构的重力是盾壳、刀盘、推进油缸、铰接油缸、管片安装机、人仓、螺旋输送机（泥水式盾构为碎石机及送排泥管路）等安装在盾壳内所有设备的重力的总和。

一般盾构主机重力（W）与盾构直径（D）的关系如下：

（1）对于手掘式盾构或半机械式盾构：$W=(25 \sim 40)D^2$；

（2）对于机械式盾构：$W=(45 \sim 55)D^2$；

（3）对于泥水式盾构：$W=(45 \sim 65)D^2$；

（4）对于土压平衡盾构：$W=(55 \sim 70)D^2$。

8　盾构隧道竖井施工

8.1　一般规定

8.1.1　采用盾构法施工时，一般需在盾构掘进的始端和终端设置工作井（又称为竖井，图 8.1.1）。竖井按其用途，可分为盾构始发竖井和盾构接收竖井，而在竣工后竖井多被用作地铁车站排水、通风等永久性结构。竖井一般都设在链道轴线上，用明挖法施工。

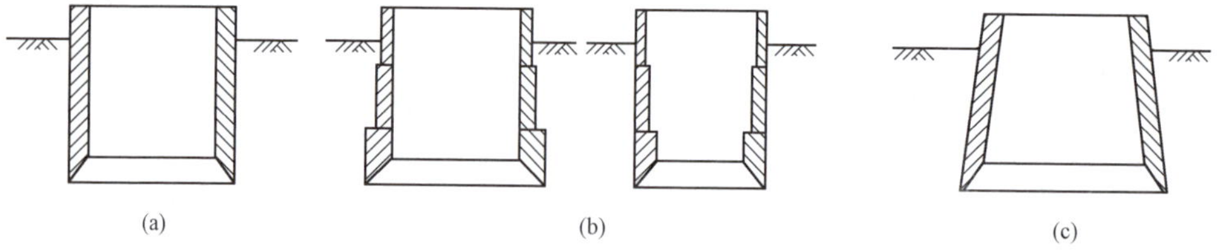

图 8.1.1　竖井的竖向断面形状

（a）柱形；（b）阶梯形；（c）锥形

8.1.2　竖井的基本构造如图 8.1.2 所示，一般由井壁、刃脚、内隔墙、井孔凹槽、底板、顶盖等构成。

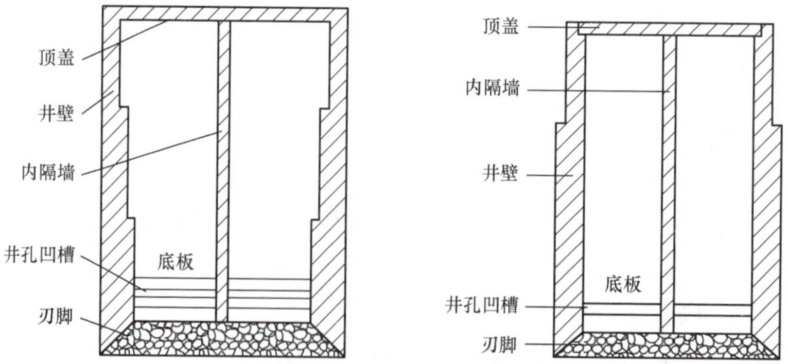

图 8.1.2　竖井的基本构造

8.1.3 盾构始发竖井是用于组装调试盾构，隧道施工期间作为管片、施工材料、设备、出渣垂直运输及作业人员出入的通道。井的平面净尺寸必须满足上述各项要求。一般情况下在盾构两侧各留 1.5 m 作为盾构安装作业的空间。盾构的前后应留出洞口封门拆除、初期推进时出渣、管片运输和其他作业所需的空间，井的长度应比盾构主机长 3 m 以上。

8.1.4 盾构接收竖井宽应比盾构直径宽 1.5 m 以上，井的长度应比盾构主机长 2.0 m 以上。根据盾构的安装、拆除作业、洞口与隧道的接头处理作业等需要，确定洞口底至工作井底板顶面的最小高度。

8.1.5 井壁预留洞口大小略比盾构的外径大一些即可（盾构外径含外壳凸出部分），但考虑到井壁洞口的施工误差、隧道设计轴线与洞口轴线间的夹角、密封装置的需要，需留出足够的余量。

8.1.6 采用一台盾构掘进施工的双线隧道的盾构始发竖井、盾构接收竖井可以为同一个竖井。

8.1.7 始发竖井需设置盾构反力装置和盾构始发洞口，作为运输存放盾构始发掘进中需要的各种器械及材料的基地。

8.1.8 盾构接收竖井用于接收在土层中已完成了某一阶段推进长度的盾构。盾构进入接收竖井后，或实施解体，或进行维修保养，为继续推进做准备，或做折返施工。

8.1.9 地铁隧道的盾构始发竖井和盾构接收竖井的间距为 1 000 m 左右，一般利用地铁车站两端，因此统称为端头井。越江越海的隧道始发竖井和接收竖井的间距较大。

8.1.10 根据设施的特殊需要，设置中间竖井，如下水道的合流点、电力线的接合点等。到达方向的内空尺寸及始发方向的内空尺寸，均应满足作业要求。

8.1.11 竖井构筑工法分类如图 8.1.11 所示。

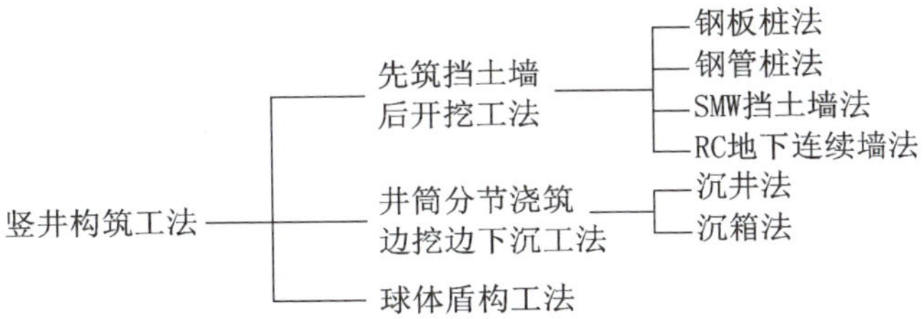

图 8.1.11 竖井构筑工法分类

8.2 挡土围护竖井施工法

8.2.1 钢板桩竖井施工法构筑的竖井深度适用范围在 15 m 以下。竖井施工法适用于水中施工，对岩层不太适用。

8.2.2　钢板桩法（图 8.2.2）适用于松散的土壤和短桩施工，对于密实砂土和高黏性土，建议采用屏风式打法沉桩。该法速度快，容易倾斜，各钢板之间应焊牢。工法特点如下：

1）连续支护系统刚度高且韧性好，钢板桩之间连接锁扣紧密，防渗性好；

2）减少基坑开挖土方量，减少基坑护坡面积；

3）机械化作业程度高，施工速度远快于传统的支护系统；

4）可多次循环利用，达到降耗节能的目的；

5）能够保证淤泥、浅滩等流塑状土层基坑支护的安全施工。

8.2.3　钻孔灌注桩（图 8.2.3）成“一”字形排列时易发生桩间渗漏水，因此采用咬合柱技术解决，或在外排采用水泥土搅拌桩作防渗墙。

图 8.2.2　钢板桩法

图 8.2.3　钻孔灌注桩

8.2.4　SMW 挡土墙法一般采用三轴深层搅拌机施工，可在黏性土、粉土、砂土、砂砾土、ϕ100 以上卵石及单轴抗压强度 60 MPa 以下的岩层应用。具有的特点如下：

1）施工时基本无噪声；

2）对周围环境影响小；

3）有一定的复合结构强度；

4）特别适用于以黏土和粉细砂为主的松软地层；

5）挡水防渗性能好；

6）不必另设挡水帷幕；

7）可以配合多道支撑应用于较深的基坑。

8.2.5 SMW 挡土墙法施工流程如图 8.2.5 所示。

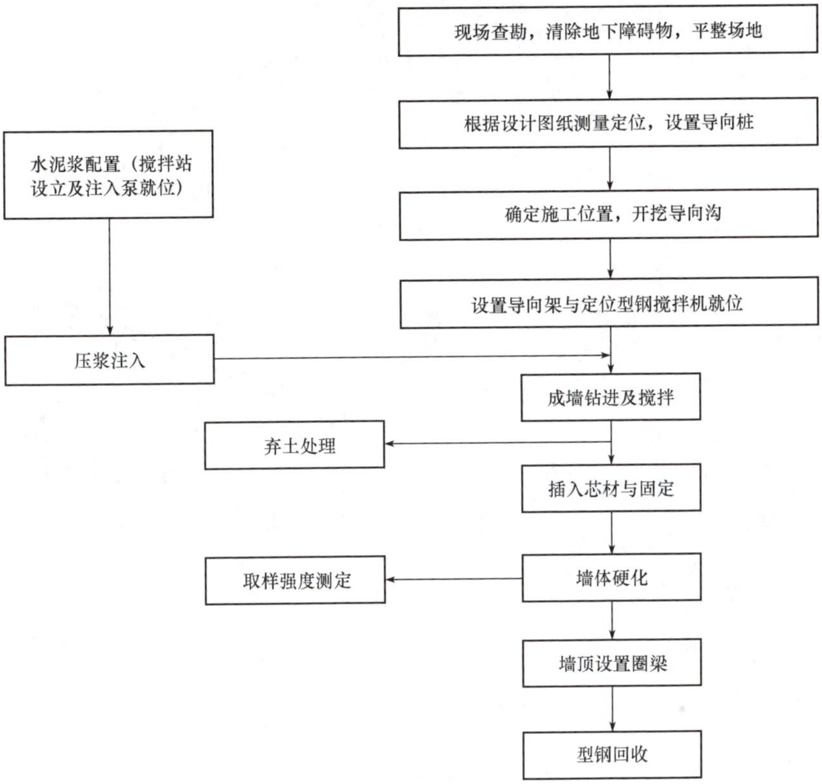

图 8.2.5 SMW 挡土墙法施工流程

8.2.6 采用地下连续墙围护施工竖井，应注意：

1）地下连续墙结构既可作为工作井的挡土结构，又可作为工作井永久结构的一部分，当盾构工作井的深度 $H > 25$ m 时，建议采用地下连续墙；

2）竖井周围的地表沉降量可控制在开挖深度的 1/300，适合在市中心地带施工；

3）适用于不同平面形状组合的基础，挡土结构、桩基础等能紧靠构筑物旁边 3 m 左右做特殊施工；

4）可将逆作法与传统施工法相结合，有效控制紧靠施工现场的地面建筑物及地下构筑物的变形，同时便于地面与地下做立体施工；

5）能兼作深基础，盾构竖井在满足进出洞功能的同时，通常还兼作通风井结构基础，地下连续墙比较容易满足该要求。

8.2.7 为防止墙体产生裂纹、渗水，应注意如下内容：

1）选用低热水泥，防止先期槽段的约束导致后续槽段出现裂纹；

2）接头部位要清洗干净，做好堵缝注浆；

3）排除穿通连续墙的各种因素。

8.3 沉井竖井工法

8.3.1 沉井一般由井壁、刃脚、内隔墙、井孔凹槽、底板和顶盖等构成（图 8.3.1）。

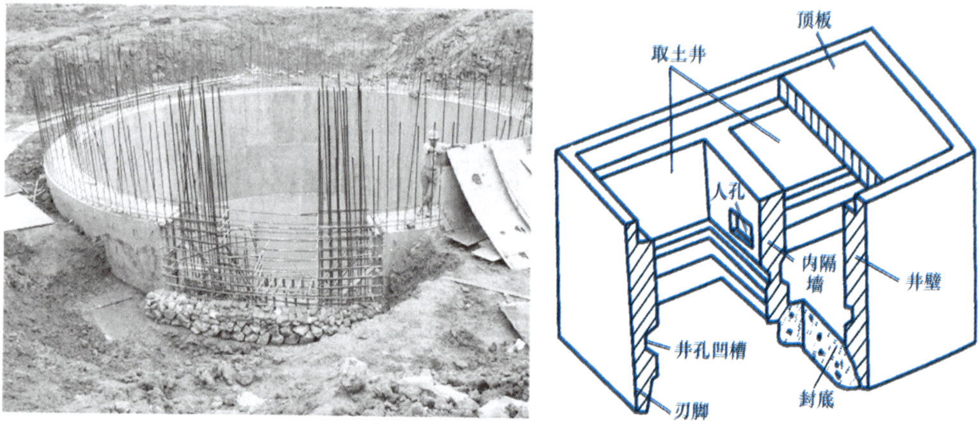

图 8.3.1　沉井及其构造

8.3.2 刃脚即井壁最下端的尖角部分。刃脚侧面的倾角通常为 45° ～ 60° 。确定刃脚高度时应从封底状况（干封或湿封）及便于抽取刃脚下的垫木和土方开挖等方面综合考虑，湿封底时高度大一些，干封底时高度小一些。此外，通常刃脚应外凸井壁一定距离，为 20 ～ 30 cm。

8.3.3 因地层状况、地下水的有无等因素的不同，通常按地下 30 m 处可以确定其止水性的要求选用挡土墙。

8.3.4 为了确保作业空间，挡土墙支撑的水平、竖直间隔都较大。支承构造的配置必须同时满足施工性和安全性的要求。

8.3.5 竖井周围的地下水向井内集中，开挖前必须制定防止涌水的措施。

8.3.6 在把竖井作为盾构水平推进作业基地利用时，施工永久构筑物必需的隔板和支承柱，必须在盾构进发后构筑。构筑时也必须把作业空间控制到最小，其余构件应在盾构掘进的同时进行构筑。

8.3.7 当井体内空缺较大或者设计要求将其内空间分割成多个小空间时，井内设置内隔墙。内隔墙间距一般不超过 6 m，其厚度一般为 0.5 ～ 1 m。沉井平面形式如图 8.3.7 所示。

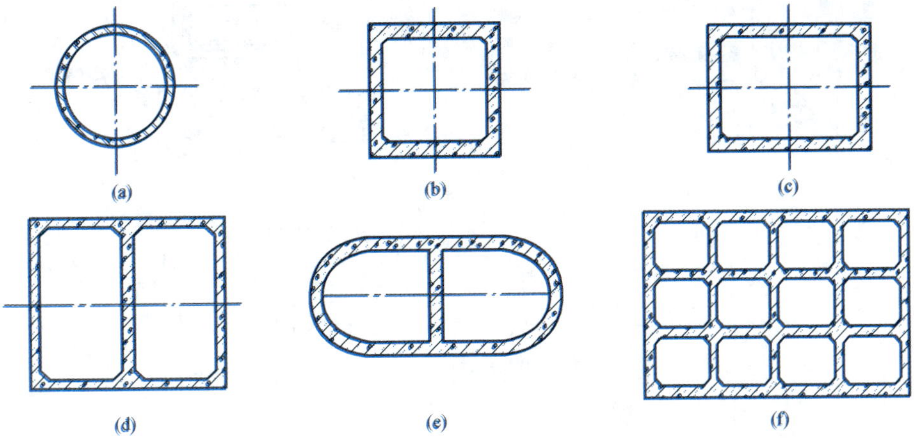

图 8.3.7　沉井平面形式

（a）圆形单孔沉井；（b）正方形单孔沉井；（c）矩形单孔沉井；
（d）矩形双孔沉井；（e）椭圆形双孔沉井；（f）矩形多孔沉井

8.3.8　当设计要求不允许在大断面或大深度沉井内设置内隔墙时，为确保井筒的刚度，可采用在底部增设底梁，或在井壁不同深度处设置若干由纵横大梁构成的水平框架的方式，提高整体的刚度，以便确保安全。

8.3.9　沉井施工工艺流程和施工步骤示意图如图 8.3.9-1、图 8.3.9-2 所示。

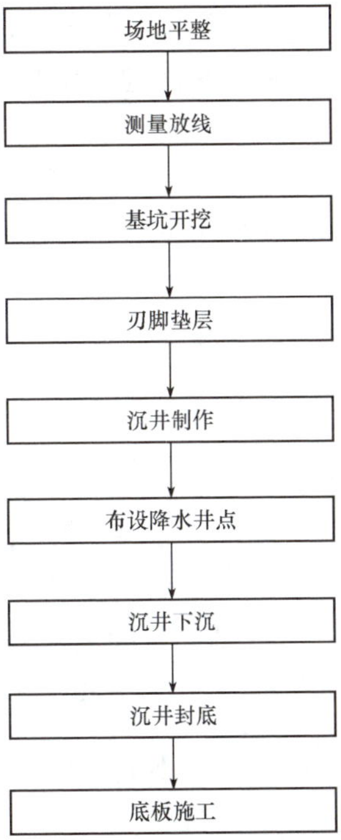

图 8.3.9-1　沉井施工工艺流程

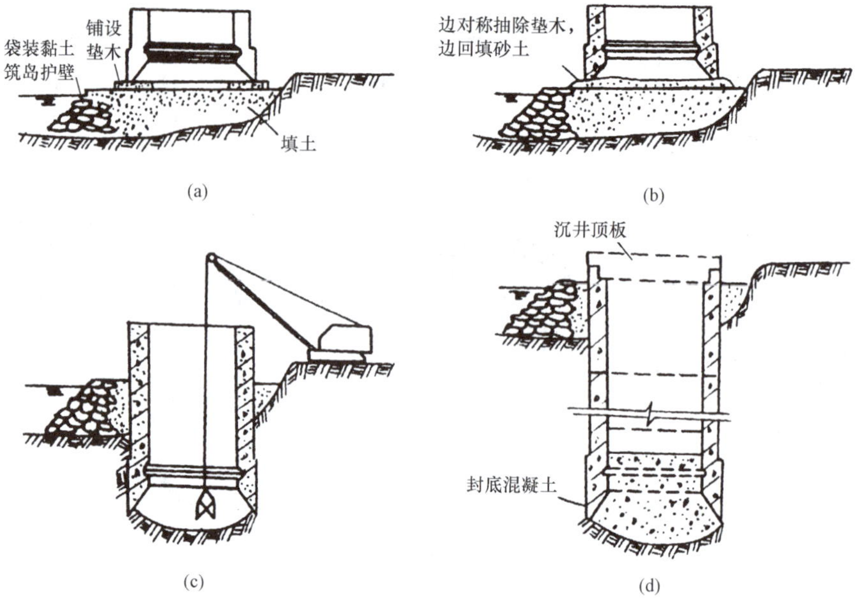

图 8.3.9-2　沉井施工步骤示意图

（a）筑岛，铺垫木、制作沉井底节；（b）抽除支承垫木；（c）挖土下沉沉井；（d）清基及封底

8.3.10　沉井施工方法可分为排水开挖法、不排水开挖法和气压沉箱法等。

8.3.11　排水开挖法具有施工安全、工期短、成本低等优点。在考虑排水措施时，必须严禁抽取地下水，以防止周围地层沉降、井水干枯等现象的发生，如图 8.3.11 所示。

8.3.12　不排水开挖法（图 8.3.12）的特点是沉井内外的水位基本一致。该法适用于渗水量大的沙砾层和流砂层等不稳定地层，或者施工现场环境条件限制不允许排水等情形。

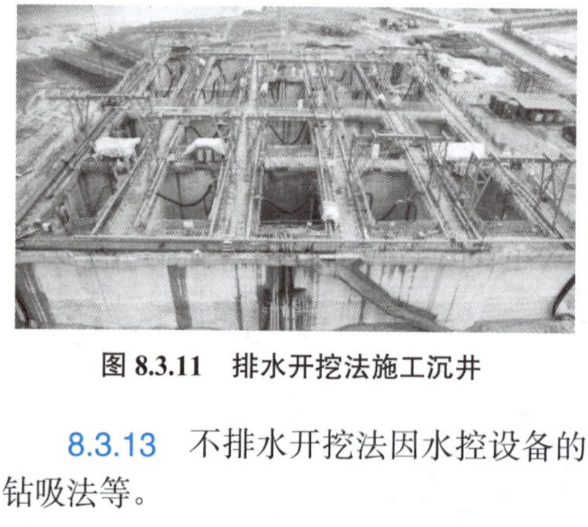

图 8.3.11　排水开挖法施工沉井

图 8.3.12　不排水开挖法施工沉井

8.3.13　不排水开挖法因水控设备的不同，可分为中央抓斗法、水力机械法和钻吸法等。

1）中央抓斗法：用起重机抓斗挖井筒的中央部位地层。由于抓斗始终在井筒中心部位抓土，故这种方法适用于软土层（图 8.3.13-1）。

图 8.3.13-1　抓斗机械设备

2）水力机械法：水力机械法是使用高压水枪破土，用空气吸泥机（或泥浆泵）通过排泥管排泥。高压水枪破土顺序为先中央后四周，对称分层冲挖。该方法的优点是可以冲挖到刃脚的斜面处，加上预设在井筒外侧的高压射水管的冲挖，可很好地完成对刃脚斜面处的土体冲挖；其缺点是冲挖范围不易控制，存在盲目性（图 8.3.13-2）。

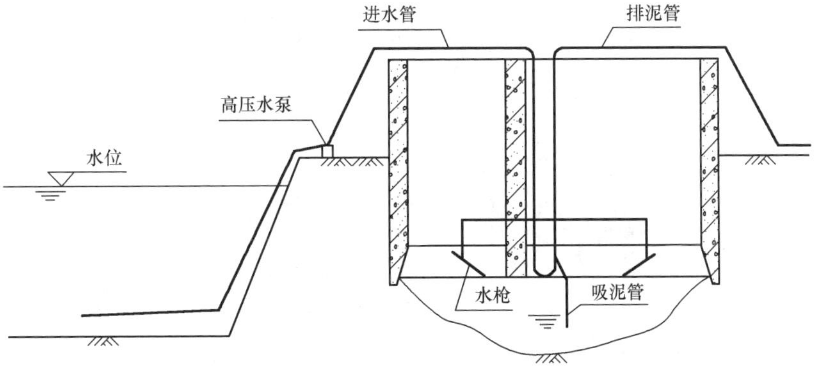

图 8.3.13-2　水力机械法设备布置

3）钻吸法：钻吸法是先钻孔松动土体，然后向孔内射水冲挖。该方法易于控制，可避免盲目性，效率高，即使刃脚的斜面部位也能挖掘到位（图 8.3.13-3）。

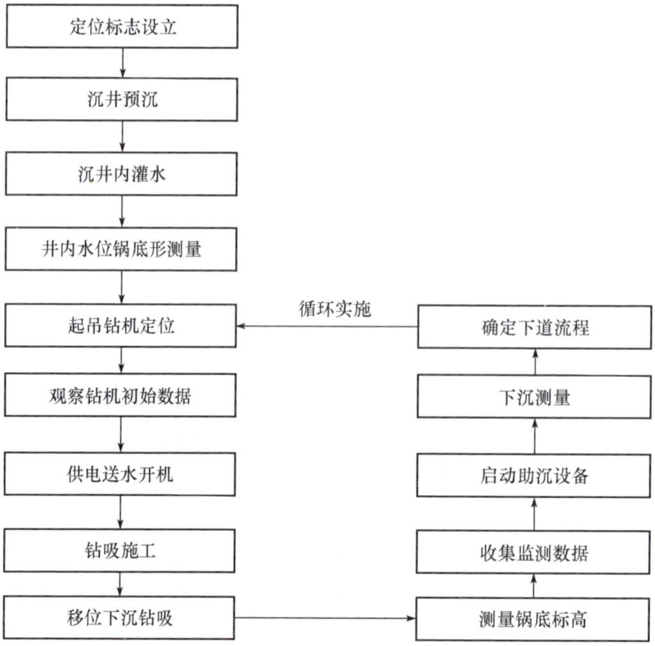

图 8.3.13-3　钻吸法施工流程

8.3.14　气压沉箱法：气压沉箱法是向沉箱下部的作业室内压送气压和与地下水压相当的压缩空气，阻止地下水渗入作业室，即利用压缩空气抑制地下水，从而保证开挖作业在干涸状态（干态）下进行（图 8.3.14-1、图 8.3.14-2）。

图 8.3.14-1　气压沉箱法施工

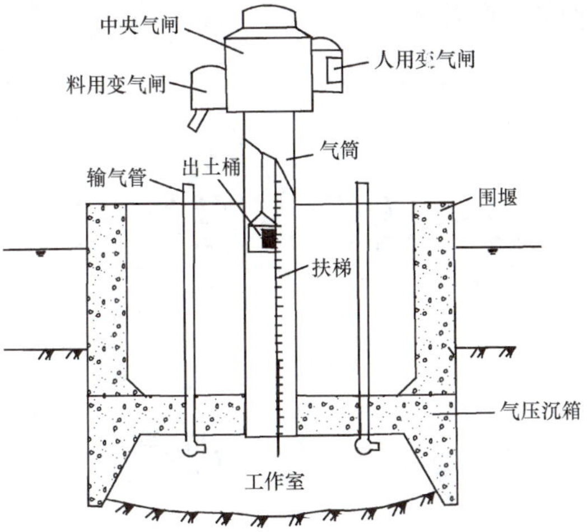

图 8.3.14-2 气压沉箱法工程示意图

8.3.15 地下水位排水工法包括集水井排水法、外围排水法和防渗工法。

1）集水井排水法：在开口沉箱底面上设置集水井，使渗向底面的地下水集中在集水井中，然后用泵压送到井外的方法。如果水位下降量大，则开挖底面时的动水坡度增大，有可能产生流砂现象。另外，排水致使周围土体冲填压实，给箱体下沉带来困难。

2）外围排水法：在开口沉箱的外侧设置几条深井，在各深井中插入水泵一齐向外抽取地下水的方法。地下水位下降后的水位分布形状因地层渗透系数的不同而异，渗透系数越小，水位的下降量和范围越小；渗透系数越大，层厚越大，排水效果越好。

3）防渗工法：在开口沉箱工程中防渗工法使用较多，这是由于注浆工法和冻结工法提高了地层的强度，但这对开口沉箱的开挖不利，故这两种工法使用不多。

9 盾构掘进施工

9.1 一般规定

9.1.1 盾构现场组装完成后必须对各系统进行调试并验收。

9.1.2 盾构掘进施工划分为始发、掘进和接收三个阶段，施工中应根据每个阶段的施工特点采取针对性技术措施，保证施工安全，满足质量及环保要求。

9.1.3 通过盾构前 50 ～ 100 m 的试掘进，调整、确定掘进参数。

9.1.4 盾构掘进施工必须严格控制排土量、盾构姿态和地层变形。

9.1.5 盾构掘进至一个管片环宽度时，应停止掘进，进行管片拼装。管片拼装时，应采取措施保持土仓内压力，防止盾构后退。

9.1.6 盾构掘进过程中必须对成环管片与地层的间隙充填注浆。

9.1.7 盾构掘进过程中应保持盾构与配套设备、抽排水与通风设备、水平运输与垂直提升设备、泥浆管道输送设备、供电系统等正常运转，并保持盾尾密封。

9.1.8 盾构掘进过程中遇到下列情况时，应及时处理：

1）盾构前方地层发生坍塌或遇有障碍；

2）盾构本体滚动角不小于 3°；

3）盾构轴线偏离隧道轴线不小于 50 mm；

4）盾构推力与预计值相差较大；

5）管片严重开裂或严重错台；

6）壁后注浆系统发生故障无法注浆；

7）盾构掘进扭矩发生异常波动；

8）动力系统、密封系统、控制系统等发生故障。

9.1.9 在曲线段施工时，应考虑已成环管片竖向、横向位移对隧道轴线的影响。

9.1.10 应按照设定的掘进参数沿设计轴线进行盾构掘进，并做好详细记录。

9.1.11 根据横向偏差和转动偏差，采取措施调整盾构姿态，并防止过量纠偏。

9.1.12 盾构暂停掘进时，应采取措施稳定开挖面，防止坍塌。
9.1.13 必须对盾构姿态与管片状态进行人工复核测量。

9.2 盾构的组装、调试

9.2.1 盾构掘进前的准备工作：
1）盾构掘进所需的机电设备及风水管线准备就绪；
2）盾构掘进施工运输系统准备就绪；
3）参与施工的相关人员经相应的培训，取得上岗资格。
9.2.2 盾构组装之前应做好如下准备工作：
1）根据盾构部件情况、现场场地条件，制定详细的盾构组装方案；
2）根据最大部件尺寸和最重部件规格选择盾构组装设备，做好组装场地的准备工作、安装好盾构始发基座及做好井下的其他准备工作；
3）根据盾构部件情况，准备好组装需用的吊装设备、工具、材料等。
9.2.3 组装前，必须对主要部件及材料进行验收，验收的主要部件及要求为：
1）所有购置的标准定型产品，具有制造厂的产品合格证书及测试报告单；
2）对盾构制造中的关键部件的钢材（板材、型钢），查验生产厂的质保书；
3）盾构推进千斤顶试验验收：
（1）在额定试验压力为 32 MPa 时，历时 5 min，压力降≤ 1 MPa；
（2）活塞杆伸缩平稳，不得有卡死或拉毛现象；
（3）测量油缸行程，符合设计要求。
4）拼装机提升、平移、旋转、调节千斤顶试验验收：
（1）在额定试验压力的条件下，历时 5 min，压力降≤ 1 MPa；
（2）活塞杆伸缩平稳，不得有卡死或拉毛现象；
（3）测量千斤顶的行程，符合设计要求；
（4）检查拼装机由快到慢改变旋转、限位是否灵敏、有效，液压管路电缆有无碰撞现象；
（5）检查拼装机运行自由度及自由空间，拼装机应能前后灵活移动通畅；
（6）检查遥控单元与有线控制单元是否方便灵活。
5）防止盾构后退的推进系统平衡阀二次溢流压力，应调到设计压力值；
6）调节拼装机的回转平衡阀的二次溢流压力应调到设计压力值；
7）液压系统各非标制品的阀组，应按设计要求进行密闭性试验；
8）未单独列项检验的部件，均应符合设计要求。

9.2.4 盾构部件，必须由具有资质的专业队伍负责吊装，并设专人指挥，井上、井下的指挥信号必须统一，部件下井时要注意部件之间、部件与结构不得相互碰撞（图 9.2.4）。

9.2.5 盾构大件吊装作业应按相关作业安全操作规程及盾构制造厂的组装要求进行。

9.2.6 做好施工现场的消防工作，应配备一定数量的消防设备，现场明火、电焊作业时，必须有专人进行防护。

9.2.7 盾构组装完成后，必须进行各系统的空载调试，然后进行整机空载和负载调试（图 9.2.7）。

图 9.2.4 盾构机现场吊装

图 9.2.7 盾构机现场组装调试

9.2.8 盾构组装顺序一般遵循以下过程：

1）后配套拖车下井：各节拖车下井顺序为从后到前，当盾构有 4 节拖车时，其下井顺序为：4 号拖车→ 3 号拖车→ 2 号拖车→ 1 号拖车，拖车下井后，组装拖车内的设备及其相应管线，由电机车牵引至指定的区域，拖车间由连接杆连接在一起。

2）设备桥下井：设备桥（也称连接桥）长度较大，下井时须由汽车起重机与履带起重机配合倾斜下井；下井后其一端与 1 号拖车由销子连接，另一端支撑在现场施焊的钢结构上，然后将上端的设备桥缓缓放下后移走起重机具。用电机车将 1 号拖车与设备桥向后拖动，将设备桥移出盾构组装竖井。1 号拖车与 2 号拖车连接。

3）螺旋输送机下井：螺旋输送机长度较大，下井时须由汽车起重机与履带起重机配合倾斜下井。起重机通过起、落臂杆和旋转臂杆使螺旋输送机就位。螺旋输送机下井后，摆放在矿车底盘上，用手动葫芦拖至指定区域。

4）中盾下井：中盾在下井前将两根软绳系在其两侧，向下吊运时，由人工缓慢拖动，防止中盾扭动，起重机缓慢下钩，使中盾自然下垂，由平放翻转至立放状态送到始发基座上。

5）前盾下井：前盾翻转及下井同中盾，送到始发基座上后进行与中盾的对位，安装与中盾连接的螺栓。

6）安装刀盘：刀盘翻转及下井同中盾，送到始发基座上后安装密封圈及连接螺栓。

7）主机前移：主机前移，使刀盘顶到掌子面，在始发基座两侧的盾构外壳上焊接顶推支座，前移一般由两个液压千斤顶完成。

8）安装管片安装机：管片安装机翻转及下井与中盾相同，下井安装后再进行两个端梁的安装。

9）盾尾下井：盾尾焊接完成后，在汽车吊与履带吊配合下，倾斜着将盾尾穿入管片安装机梁，并与中盾对接。

10）安装螺旋输送机：延伸铺设轨道至盾尾内部，将螺旋输送机与矿车底盘一起推进盾壳内。螺旋输送机前端用倒链拉起，使螺旋输送机前端通过管片安装机中空插到中盾内部。螺旋输送机与前盾连接处密封安装，要求紧固，中体与螺旋输送机固定好。

11）安装反力架及负环钢管片：在盾构主机与后配套连接之前，开始进行反力架的安装，反力架端面应与始发基座水平轴垂直，以便盾构轴线与隧道设计轴线保持平行。反力架与车站结构连接部位的间隙要垫实，保证反力架的安全稳定。盾构反力架的作用是在盾构始发掘进时，提供盾构向前推进所需的反作用力。盾构始发掘进前应首先确定反力架的形式，并根据盾构推进时所需的最大推力进行校核，然后根据设计加工盾构反力架，待反力架安装完毕后，方可进行始发掘进。

9.3 盾构现场验收

9.3.1 盾构组装完成后，应按设计的主要功能及使用要求提出验收大纲，按照验收大纲分系统逐项进行验收。

9.3.2 盾构主机必须满足下列要求：

1）外径必须符合设计要求；

2）长度必须符合设计要求；

3）盾壳必须为表面平整的正圆柱体；

4）在盾构推进千斤顶活动范围内，盾尾内表面平整，无凸出焊缝，盾尾真圆度在允许的范围内。

9.3.3 切削刀盘必须符合下列要求：

1）所有连接用的高强度螺栓必须按盾构制造厂设计要求配置，使用扭力扳手检查是否达到设计扭矩值；

2）切削刀盘空载运行各档正向、反向各 15 min，各减速机及传运部分无异常响声，液压工作压力≤ 8 MPa；

3）集中润滑系统应进行流量和压力的测试，各润滑部件的受油情况必须达到设计要求；

4）刀具装配应牢固，不得出现松动现象，刀具硬质合金焊接可靠坚固，且不得有裂缝；

5）如刀具采用螺栓连接时，应对螺栓的紧固质量进行抽检，螺栓孔内不得有油污，螺栓拧入扭矩应达到设计扭矩。

9.3.4 拼装机必须满足下列要求：

1）空载试车时，各部件的行程、回转角度、提升距离、平移距离、调节距离必须符合设计要求，各系统的工作压力必须满足设计要求；

2）负载试车时，拼装机作回转、平移、提升、调节等动作运行平稳，各滚轮、挡轮安装定位准确、安全可靠，各系统的工作压力正常。

9.3.5 螺旋输送机必须符合下列要求：

1）螺旋输送机应在掘进过程中进行验收，驱动部分负载运转平稳，不应有卡死、异常响声，液压工作压力应小于设计值；

2）用手动调节比例阀时，螺旋输送机的转速应有相应的变化；

3）螺旋输送机伸缩油缸、前后仓门的相关传感器灵敏度应符合设计要求。

9.3.6 皮带运输机必须满足下列要求：

1）空载试车时，不得有皮带跑偏现象；

2）负载试车时，运转平稳，无振动和异常响声；全部托辊和滚筒均运转灵活。

9.3.7 泥水输送系统试车时，各泵的压力、流量必须符合设计要求，电气系统操作灵敏、可靠、安全。

9.4 盾构始发

9.4.1 始发掘进前，对洞口经改良后的土体进行质量检查，合格后方可始发掘进；制定洞口围护结构破除方案，采取适当的密封措施，保证始发安全。

9.4.2 始发掘进时应对盾构姿态进行复核。

9.4.3 负环管片定位时，管片环面应与隧道轴线垂直。

9.4.4 始发掘进过程中应保护盾构的各种管线，及时跟进后配套台车，并对管片拼装、壁后注浆、出土及材料运输等作业工序进行妥善管理。

9.4.5 始发掘进过程中应严格控制盾构的姿态和推力，并加强监测，根据监测结果调整掘进参数（图 9.4.5）。

9.4.6 始发掘进要点：

1）盾构始发掘进时的总推力应控制在反力架承受能力以下，同时确保在此推力下，刀具切入地层所产生的扭矩小于始发基座提供的反扭矩。

2）在盾构推进、建立土压过程中，应认真观察洞口密封、始发基座、反力架及反力架支撑的变形、渣土状态等情况，发现异常，应适当降低土压力（或泥水压），减小推力，控制推进速度。

图 9.4.5 严格控制盾构姿态

3）由于始发基座轨道与管片有一定的空隙，因此为了避免负环管片全部推出盾尾后下沉，可在始发基座导轨上焊接外径与理论间隙相当的圆钢，利用圆钢将负环混凝土管片托起。

4）在盾构内拼装好整环后，利用盾构推进油缸将负环管片缓慢推出盾尾，直至与钢负环接触，并与管片螺栓连接固定；负环管片的最终位置要根据推进油缸的行程进行确定：第一环负环管片与钢负环之间的空隙用早强砂浆或钢板填满，确保推进油缸的推力能较好地传递至反力架上；第二环负环管片及以后管片将按照正常的安装方式进行安装。

5）随着负环管片拼装的进行，应不断用准备好的木楔填塞负环管片与始发基座轨道及三角支撑之间的空隙，待洞口维护结构完全拆除后，盾构应快速通过洞口进行始发掘进施工。

6）当始发掘进至第 50 ～ 60 环时，可拆除反力架及负环管片；盾构施工中，始发掘进长度应尽可能缩短，但不短于以下两个长度中较长的一个：一是管片外表面与土体之间的摩擦力大于盾构的推力，根据管片环的自重及管片与土体间的摩擦系数计算出的长度；二是始发长度，应能容纳后配套设备。

7）始发前盾尾钢丝刷必须用 WR90 油脂进行涂抹，且必须达到涂抹质量（饱满、均匀），每根钢丝上均粘有油脂。

8）严禁盾构在始发基座滑行期间进行纠偏作业。

9）盾构始发过程中，严格进行渣土管理，防止由于渣土管理控制不当，造成地表沉降或隆起；开始掘进后，必须加强地表沉降监测，及时调整盾构掘进参数。

10）当盾尾完全进入洞口密封后，调整洞口密封，及时通过同步注浆系统对洞口进行注浆、封堵洞圈，防止洞口密封处出现漏泥水和所注浆液外漏现象的发生。

11）在始发阶段，由于盾构设备处于磨合期，故要注意对推力、扭矩的控制，同时要注意各部位油脂的有效使用。

9.5 盾构掘进

9.5.1 盾构调头和过站时必须有专人指挥，专人观察盾构转向或移动状态，避免方向偏离或碰撞。盾构机正常掘进流程如图 9.5.1 所示。

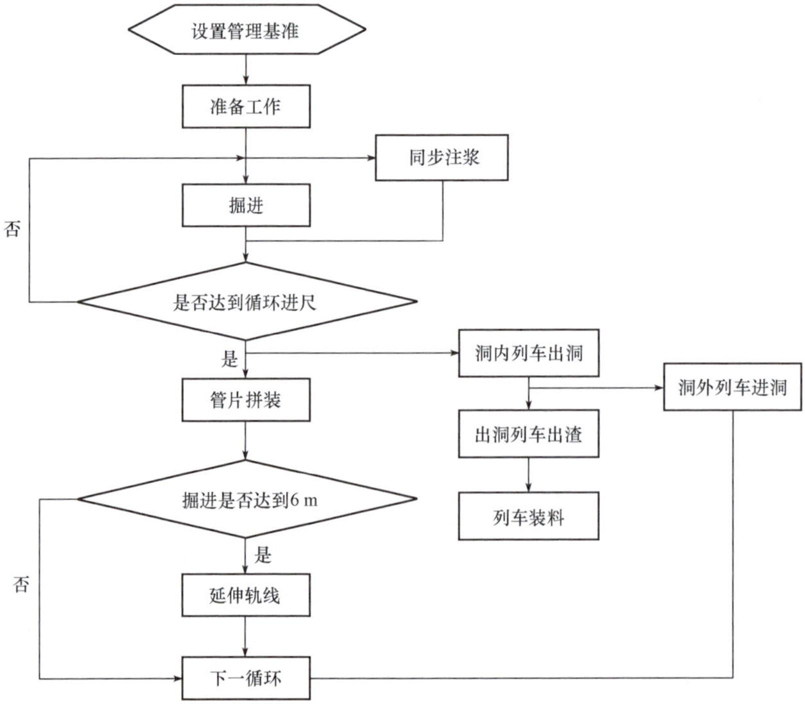

图 9.5.1 盾构机正常掘进流程

9.5.2 隧道施工方法的选择应根据环境条件、地质条件、断面大小、埋深、结构形式、隧道长度、设备配置、工期要求、经济效益以及环境保护等因素综合确定。

9.5.3 盾构法适用于第四纪地层、湿陷性黄土、海相沉积地层等无侧限抗压强度中等偏低的地层和软岩地层。

9.5.4 盾构机掘进作业工序如图 9.5.4 所示。

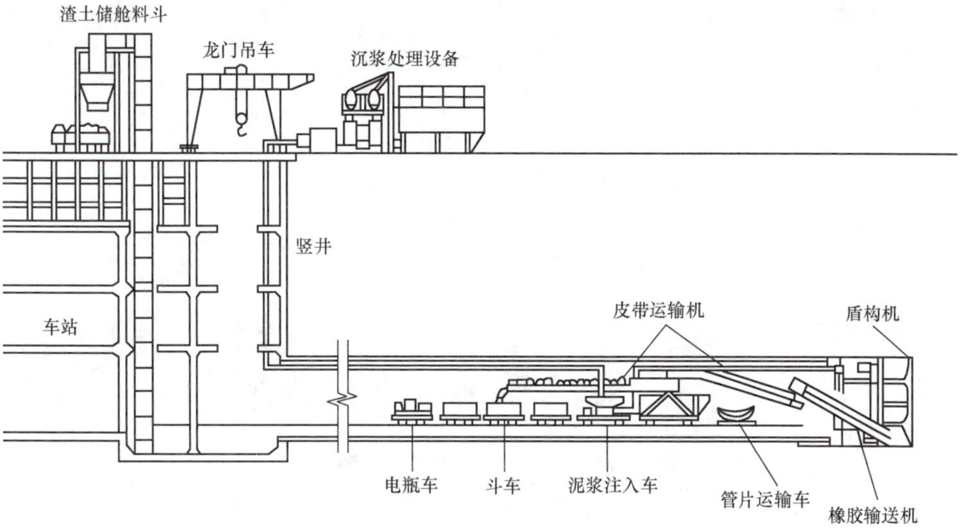

图 9.5.4　盾构机掘进作业工序

9.5.5　采用盾构法施工时，施工方法包括偏心多轴盾构法、MF 盾构法、球体盾构法、H 形和 V 形分叉盾构法、泥土加压盾构法、局部扩大盾构法、自由断面盾构法和双圆（DOT）盾构法。

1）偏心多轴盾构法：

（1）原理：采用多根主轴，垂直于主轴方向固定一组曲柄轴，在曲柄轴上再安装刀架。运转主轴刀架将在同一平面内做圆弧运动，被开挖的断面接近于刀架的形状。可根据隧道断面形状要求设计刀架为矩形、圆形、圆环形、椭圆形或马蹄形（图 9.5.5-1）。

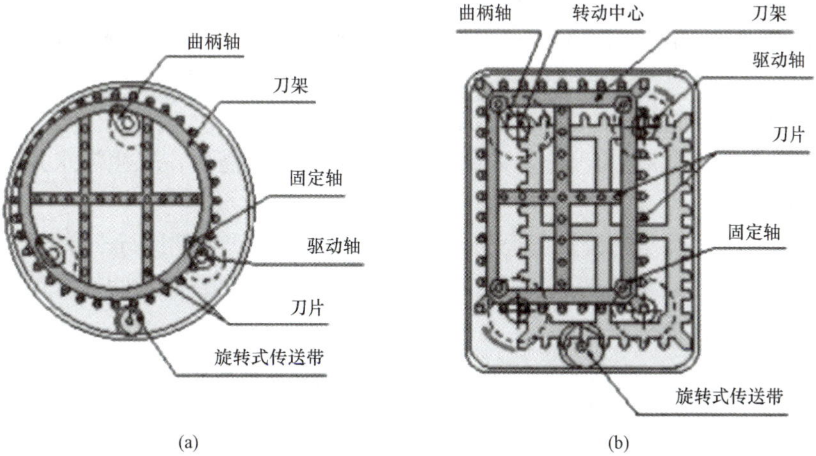

图 9.5.5-1　偏心多轴盾构原理示意图

（a）圆形断面；（b）矩形断面

（2）特点：

①可根据需要选择刀架形状开挖任意断面的隧道；

②刀架转动半径小，可选择较小的驱动扭矩；

③刀具的行走距离小，适用于长距离隧道的开挖；

④刀架驱动装置小，盾构机内施工操作空间大；

⑤采用十字形交叉式刀片，可进行全方位开挖。

（3）实景图：偏心多轴盾构法实景如图 9.5.5-2 所示。

(a)

(b)

(c)

图 9.5.5-2　偏心多轴盾构法实景

（a）某下水道干线工程（宽度 4.38 m× 高度 3.98 m）；（b）横滨 MM21 线地铁工程（直径 ϕ7.15 m）；（c）营团地铁 11 号线地铁工程（直径 ϕ9.60 m）

2）MF 盾构法：

（1）原理：由多个圆形断面的一部分错位重合而成，可同时开挖多个圆形断面。

（2）适用范围：适用于地铁车道、地铁车站、共同沟和地下停车场等大断面隧道的开挖（图 9.5.5-3）。

（3）施工特点：

①隧道基本结构形式为圆形，保持了圆形断面的力学特性（图 9.5.5-4）；

②隧道可由多个小型圆断面叠合形成，开挖量小，断面利用率高；

③线形的选择有更多的灵活性，可根据需要选择横向 MF 盾构或纵向 MF 盾构，更加适用于地下空间受到限制的隧道建设；

④根据土质情况和施工条件以及对周围环境影响的需要，采用泥水式盾构或土压式盾构；

⑤由多个独立控制的圆形断面组成，可根据不同地质条件进行土体开挖管理；

⑥通过调整各刀盘的转速和转向，利用开挖时作用在盾构上的反力可有效地控制盾构姿态，纠偏也相对容易。

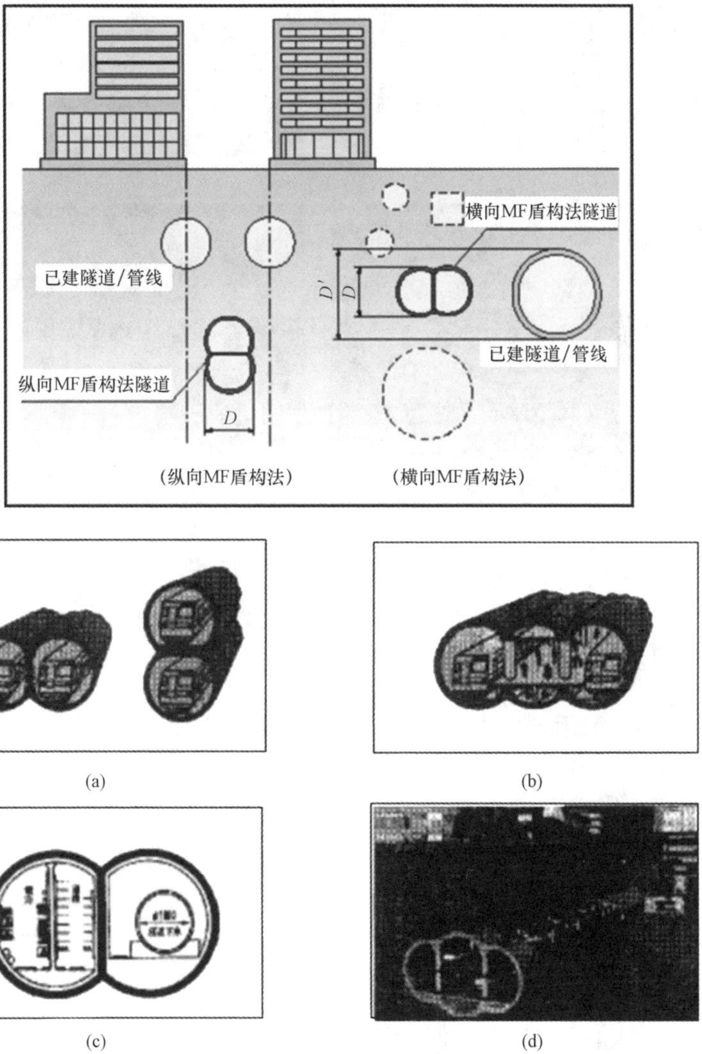

图 9.5.5-3　MF 盾构法适用范围

（a）地铁车道；（b）地铁车站；（c）共同沟；（d）地下停车场

(a)

(b)

图 9.5.5-4　MF 盾构施工实例

（a）横向 2 圆盾构地铁线路工程；（b）横向 3 圆盾构地铁车站工程

3）球体盾构法：

（1）原理：利用球体本身可自由旋转的特点，将一个球体藏于先行主机盾构的内部，在球体内部再设计一个后续次机盾构。

①纵横式球体盾构（图 9.5.5-5）是一台能够完成竖向工作井和横向隧道开挖的一种特殊盾构机；

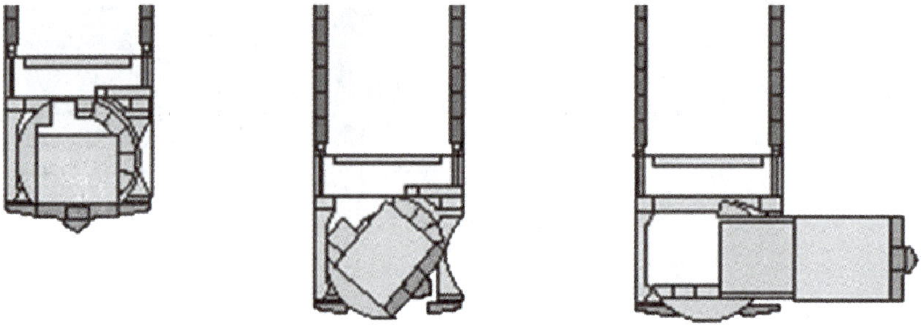

(a)　　(b)　　(c)

图 9.5.5-5　纵横式球体盾构

（a）竖向工作井开挖；（b）球体旋转；（c）横向隧道开挖

②横横式球体盾构的开挖原理与纵横式球体盾构基本相同，先行主机盾构和后续次机盾构可在同一水平面内进行直角开挖；

③长距离开挖球体盾构（图 9.5.5-6）收藏在球体内的刀盘和其驱动装置，与球体一起在盾构机内旋转后，在盾构机内进行刀具的修理和更换等作业。

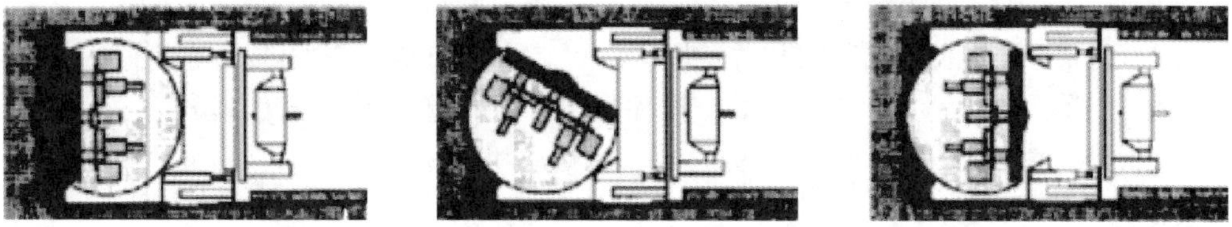

图 9.5.5-6　长距离开挖球体盾刀具交换示意

（2）适用范围：

①纵横式球体盾构适用于长距离隧道的开挖；

②横横式球体盾构适用于交通拥挤的十字路口，以及在地下一定深度内存在各种管线设施，无法构筑竖向工作井的地区；

③长距离开挖球体盾构适用于工期宽松，无须设置换气井的长距离上下水道地区。

球体盾构施工实例如图 9.5.5-7 所示。

(a)　(b)　(c)

图 9.5.5-7　球体盾构施工实例

（a）纵横式球体盾构；（b）横横式球体盾构；（c）长距离开挖球体盾构

（3）施工特点：

①纵横式球体盾构：

a. 无须考虑盾构进出洞时的土体加固处理和漏水等技术问题，提高施工的安全性和施工速度，缩短施工工期；

b. 竖向工作井施工时对周围环境和地基沉降的影响较一般的施工法要小；

c. 竖向工作井的内部空间和井壁厚度都可减小，节省工作井的工程费用；

d. 隧道推进过程中开挖刀具的交换和维修方便，更适用于长距离隧道的开挖。

②横横式球体盾构：先行主机盾构和后续次机盾构可在同一水平面内进行直角开挖，空间需求较小。

③长距离开挖球体盾构：

a. 盾构机内刀具的修理和更换等作业不受时间、地点的限制，并是在已开挖好的隧道内的大气压中进行操作；

b. 无须构筑工作井，减少工程费用。

4）H 形和 V 形分叉盾构法：

（1）原理：采用叉式铰接改向装置，将几个圆形断面根据需要进行组合，通过使盾构胴体前端各自沿着相反的方向旋转，以改变盾构的推进方向，达到螺旋式推进的目的，从而得以开挖多种隧道断面形式（图 9.5.5-8）。

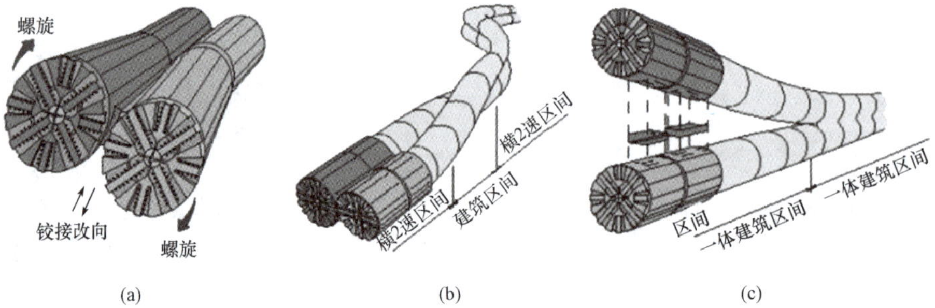

图 9.5.5-8　H 形和 V 形分叉盾构法原理示意

（a）铰接改向装置；（b）螺旋式推进；（c）分叉式推进

（2）适用范围：适用于各种地下工程，并在地铁和下水道中得到了运用（图 9.5.5-9）。

（3）施工特点：

①盾构机姿态以及方向的控制比较容易，可自由选择采用泥水式盾构还是土压式盾构；

②隧道断面在地下可自由过渡和转换，无须设置工作井；

③可根据需要自由地选择断面形式，线形设计时可不受周边障碍物的限制。

(a) (b)

图 9.5.5-9 H 形和 V 形分叉盾构法施工实例

（a）盾构地铁车站；（b）盾构下水道

5）局部扩大盾构法：

（1）原理：在隧道的任意位置对局部断面进行扩大（图 9.5.5-10）。

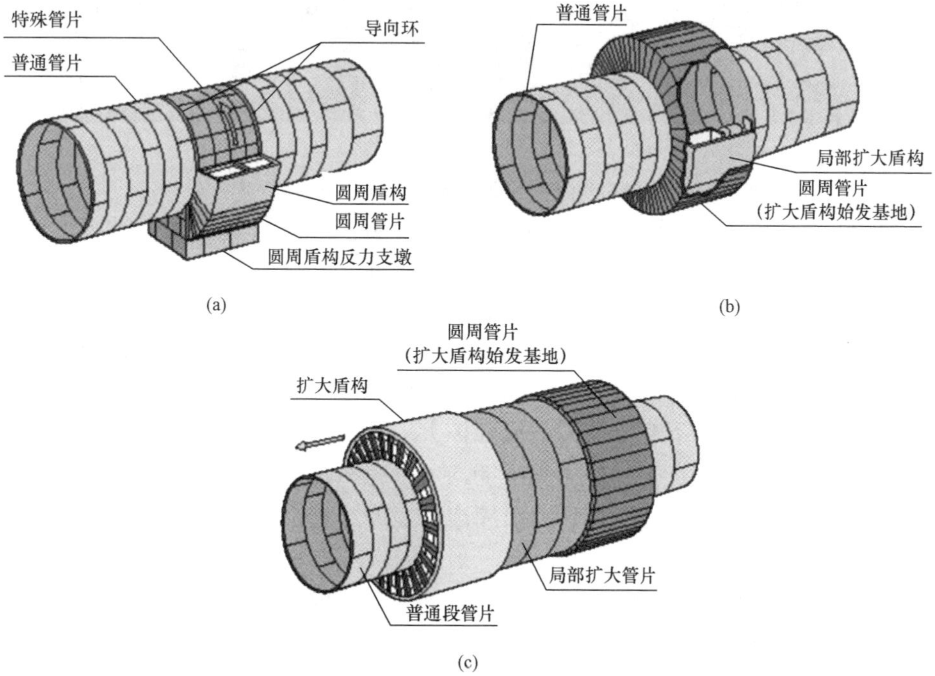

图 9.5.5-10 局部扩大盾构法施工原理示意

（a）圆周盾构反力支墩和扩大部盾构力；（b）扩大部盾构安装；（c）扩大部盾构掘进

①正常段施工：首先进行等断面正常段隧道的施工，在局部断面扩大部分设置

特殊管片，在正常段和特殊段管片之间同时设置导向环；

②圆周盾构反力支墩施工：拆除特殊段下部的预制扇形衬砌块，设置围护结构后进行土体开挖，必要时可对局部土体进行加固，浇筑圆周盾构掘进时的反力支墩；

③扩大部盾构的反力承台制作：在扩大部基础内的导向环片上安装圆周盾构后，边掘进边拼装圆周管片，最后形成扩大部盾构的反力承台（始发基地）；

④扩大部盾构安装和掘进：在始发基地内安装扩大部盾构，进行扩大部隧道的开挖。

（2）适用范围：适用于各种地下工程（图 9.5.5-11）。

(a) (b)

图 9.5.5-11　局部扩大盾构法施工实例

（a）盾构地铁车站；（b）盾构下水道

（3）施工特点：

①可根据用途在任何位置以任意长度对隧道进行局部扩大；

②局部扩大后的断面形状仍然是圆形，能够保持圆形断面的良好特性；

③可进行左右和上下全方位偏心局部扩大；

④较开挖式施工法，工程费用和工期均可以在一定程度上减少；

⑤无须设置施工场地和工作井，对周边环境的影响小。

6）自由断面盾构法：

（1）原理：在一个普通圆形盾构主刀盘的外侧设置数个规模比主刀盘小的行星刀盘。随主刀盘的旋转行星刀盘在外围做自转的同时绕主刀盘公转，行星刀盘公转的轨道由行星刀盘扇动臂的扇动角度决定。通过对行星刀盘扇动臂的调节，可开挖各种非圆形断面的隧道（图 9.5.5-12、图 9.5.5-13）。

（2）适用范围：适用于地下空间受限制的中小型隧道工程（图 9.5.5-14）。

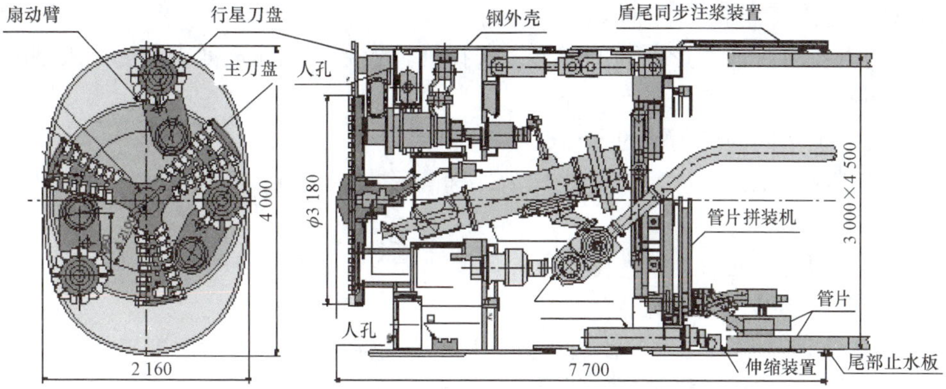

图 9.5.5-12　自由断面盾构施工原理示意

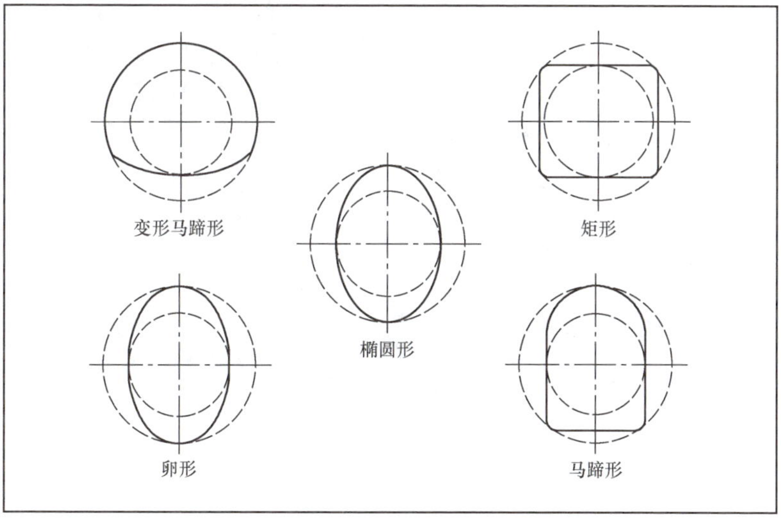

图 9.5.5-13　可开挖的非圆形断面

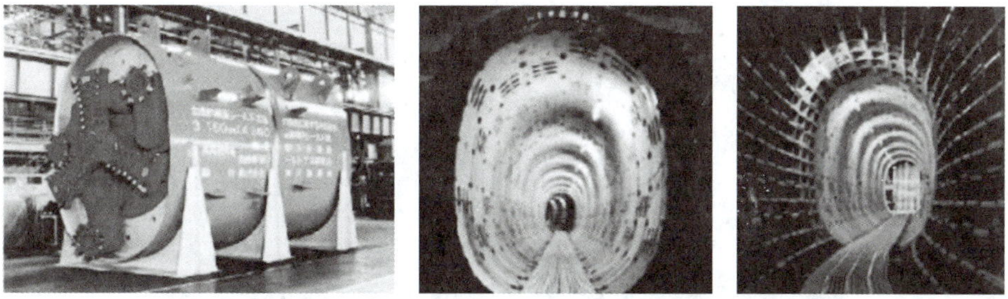

(a)　(b)　(c)

图 9.5.5-14　自由断面盾构施工实例

（a）纵向椭圆形盾构机；（b）试验施工隧道（直线段）；（c）实际工程隧道（曲线）

（3）施工特点：

①可开挖多种非圆形断面的隧道，选择细长形断面能使宽度或深度受限制的地下空间更有效地得到利用；

②可根据不同的使用目的合理选择不同断面；

③隧道断面的最大纵横尺寸之比为：椭圆形 1.5 ：1.0、矩形 1.2 ：1.0、马蹄形 1.35 ：1.0；

④行星刀盘上的刀具以梅花状布置，扇动臂采用计算机自动控制。

7）双圆（DOT）盾构法：

（1）原理：利用泥水加压盾构的切削器轮辐形状，将两个切削器用同一个平面内的齿轮装配成盾构机来筑造隧道（图 9.5.5-15）。

图 9.5.5-15　双圆盾构法施工原理示意

（2）适用范围：适用于地下空间受限制的中小型隧道工程（图 9.5.5-16）。

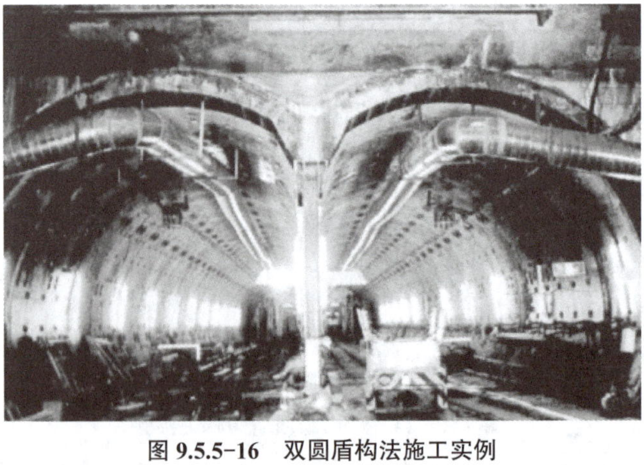

图 9.5.5-16　双圆盾构法施工实例

（3）施工特点：

①优化了断面形式，减少了开挖断面积和土体开挖量；

②可在狭窄的地下空间走廊内穿越，避免对地面构筑物的影响，缩减了区间隧道沿线地面道路规划红线控制宽带；

③开挖面可左右或上下任意安排，为线路选择提供多种可行方案；

④两条区间隧道合二为一，有利于提高抗震、救灾能力；

⑤缩小区间隧道和相邻车站的工作量。

9.5.6 网格式干出土盾构掘进：

1）掘进准备工作就绪后，先开土体的水平运输设备，后开切口环内的排土设备。

2）推进千斤顶编组后，由盾构司机按有关网格式干出土盾构设备操作规定对推进系统进行检查和操作后即可开始掘进，同时观察进土情况是否正常；

3）在推进过程中应控制盾构轴线与设计轴线的偏差值，使其在允许范围内；

4）按优化参数控制掘进速度、出土量、注浆压力、注浆量和时间等，并做好记录；

5）每环掘进结束及中途停止掘进时，应按程序操作各种机电设备；

6）遇到设备故障或意外地质条件变化时，必须停止掘进，经处理后才能继续掘进；

7）中途停止时间较长时，开挖面及盾尾应采取防止土体流失的措施。

9.5.7 网格式水力出土盾构掘进：

1）根据前两环盾构姿态的测量报表，决定本环掘进纠偏措施，调整好进土孔位置及开孔面积，封闭部分的胸板要确保牢固；

2）开启高压水泵，调整好水力出土的水枪及水力提升器，然后按干出土施工法第 9.5.6 条第 2）～ 5）的规定进行施工；

3）用水枪冲碎挤入网格的土体，土体由切口环下部的水力提升器排出；

4）严格控制出土量，使其与盾构掘进速度相适应，随时注意正面土体流塑性能变化情况；

5）每环掘进结束或中途停顿，按规定程序操作各机电设备，并采取停顿期间的技术措施。

9.5.8 土压平衡盾构掘进：

1）施工前，必须根据隧道地质状况、埋深、地表环境、盾构姿态、施工监测结果制定当班盾构掘进施工指令，并准备好壁后注浆工作、管片拼装工作；

2）施工中必须严格按照盾构设备操作规程、安全操作规程以及当班的掘进指令，控制盾构掘进参数与盾构姿态；

3）盾构施工过程必须做到注浆与掘进的同步进行，及时根据信息反馈情况调整注浆参数（图 9.5.8）；

图 9.5.8　泥浆指标试验

4）施工中必须设专人按规定进行监控量测并及时反馈，指导施工；

5）盾构施工过程中必须经常进行盾构与管片姿态人工复核测量、跟踪与信息反馈；

6）施工过程中，严禁出现盾构姿态突变。应尽量防止横向偏差、纵向偏差和转动偏差的发生，用测量数据修正盾构姿态，尽早进行“蛇行”修正；

7）为了保持开挖面的稳定性，要根据地层条件适当注入添加剂，确保渣土的流动性和止水性，同时要慎重进行压力仓压力和排土量的管理；

8）渣土的处理，应适合开挖、排土的方法和渣土性质，配置满足计划掘进能力的排土设备，对污泥应选择适当的中间处理方法与设备；

9）盾构暂停施工时，应制定稳定开挖面的专项措施。

9.5.9　泥水平衡盾构的掘进：

1）施工前，必须根据隧道地质状况、埋深、地表环境、盾构姿态、施工监测结果制定当班盾构掘进施工指令与泥浆性能参数设置指令，并准备好壁后注浆工作、管片拼管工作；

2）施工中必须严格按照盾构设备操作规程、安全操作规程以及当班的掘进指令控制盾构掘进参数与盾构姿态；

3）施工中必须设专人对泥水性能进行监控，根据泥浆性能参数设置指令进行泥水参数管理；

4）应严格进行开挖面泥浆压力和开挖土量的管理，确保开挖面的稳定，具体做法如下：

（1）根据开挖面土质及水土压力，适当设定泥浆压力，按掘进施工状况，对泥浆压力进行调整和控制；

（2）掘进时，使排土和开挖土量相平衡，保持开挖面稳定和开挖顺利进行；

（3）一般使用设置在隔板上的压力计确定压力仓内的泥水压力，以掌握开挖面的稳定状态。

5）施工过程出现大粒径石块时，必须采用破碎机破碎、砾石分离装置分离；

6）施工过程中，严禁出现盾构姿态突变，用测量数据修正盾构状态，尽早进行“蛇行”修正；

7）泥水管路延伸、更换，应在泥水管路完全卸压后进行；

8）盾构暂停施工时，应根据施工情况制定专项措施；

9）分离装置应适合开挖土砂粒度要求，进行渣土与泥浆、水的分离，并应尽量使分离出来的泥浆和水经过处理，循环到开挖面再利用；对渣土进行存放搬运处理，处理应符合地方环境保护规定。

9.5.10　局部气压盾构掘进：

1）局部气压盾构目前可在网格式水力机械出土的盾构中应用，以气压稳定开挖面土体并在遇有障碍物时以气压稳定开挖面的条件下排除和处理障碍物。盾构施工操作基本与网格式水力出土盾构相同。应特别指出的是：预先检查和堵塞正面地层的跑气通道、控制纠偏和开挖对土体的扰动以及做好盾尾密封和注浆，以稳定切口土仓内气压值。

2）根据覆土深度、土质条件等设定气压的压力值。气压压力值根据下式求出：

$$P = (H + \alpha D)\,\gamma_w/981 \tag{9.5-1}$$

式中 P——压缩空气压力值（MPa）；

H——盾构顶部地下水水头（m）；

D——盾构外径（m）；

γ_w——水的表观密度，按 9.81 kN/m^3 计算；

α——超压系数，在砂性土中一般取 2/3，在黏性土中气压值按正面土体稳定性计算则可小于 2/3。

3）施工前必须根据气压施工需要的最大耗气量，建立空气压缩机站。空压机的装机容量必须有足够的备用量，以确保面的安全连续作业。

4）空压机站必须配有足够的、完善的后冷却器、油水分离器、空气过滤器、储气罐和相应的管路和阀闸等附属设施并合理布置，以保证在施工时供给足够、稳定、均匀、符合卫生标准的压缩空气。

5）根据气压法施工对人员体质条件的要求，施工人员需进行专门的体格检查和在与气压施工时最大工作压力相等的气压下“试压”。检查合格后方可参加气压施工作业。

6）施工过程中应由专人负责控制气压室内的压力稳定。必须由经过专门培训的闸门管理员负责进、出闸变压工作操作。闸门管理人员必须维持气压工作区压力稳定，不得擅自改变工作压力。

7）在推进结束、开始拼装时，关闭水力出土机械的所有管路，防止气体从管道中泄出。

8）严格控制水力出土的速度，使出土量与推进速度相适应，以确保开挖面气压稳定。

9）切口内出土口应始终浸在泥水中，防止压缩空气从此泄出。

10）气压作业区严禁采用明火。

11）地面空压机站和气压作业区应保证有来自不同变电站的双电源供应，保证施工安全。

12）气压作业区与常压作业区之间、地面各相关部门之间均应保持可靠的通信联系。

9.5.11　土压平衡双圆盾构掘进：

1）双圆盾构各施工参数控制的基本原理与单圆盾构相同，可以参考土压平衡盾构掘进施工中相关条款进行双圆盾构掘进施工的控制。

2）辐条式刀盘的双圆盾构，应设定合理开挖面土压力。

3）盾构推进过程中须监控双圆盾构两刀盘相向旋转，并保持转速一致，避免接触和碰撞。

4）盾构掘进前要量测盾构壳体与管片之间的间隙及管片的上下超前量、左右超前量，确定本环管片的纠偏量。

5）施工过程中应监控盾构转角的变化情况，及时采取调整千斤顶编组、两侧螺旋机转速等措施，将转角偏差控制在 ±0.6° 范围内。

6）在双圆盾构掘进过程中，要及时均匀地压注盾尾油脂，特别是双圆盾构上、下海鸥块部位，确保盾尾刷的密封性能。

7）双圆盾构管片拼装必须按照下部海鸥块→两边标准块→上部海鸥块→中间立柱的拼装顺序进行，重点控制好下部海鸥块的定位和立柱管片的拼装，保证成环管片的质量，避免立柱及上下部海鸥块的碎裂。

8）每环管片拼装完成后，移动真圆保持器至前一环，开启左右真圆保持器，保持成环衬砌在盾构壳体内的真圆度在 5‰范围内。

9）双圆盾构应重点控制上、下凹槽部位的同步注浆，充分填充土体与管片间的建筑空隙。同步注浆充填系数一般控制在 1.4%～2.5%，浆液压注过程应控制各注浆部位之间的注浆比例及注浆压力。上部注浆量宜大于下部注浆量，注浆压力宜小于盾构外部土体的压力。

10）同步注浆过程中宜定期检查浆液的凝结时间，以根据地面监测数据及时调整浆液配合比，控制地表变形。

11）双圆盾构掘进过程中宜通过盾构顶部的附加注浆设备压注润滑浆液，减少盾构壳体与土体之间的摩擦力，防止盾构背部背土。

9.5.12 泥水平衡盾构掘进应根据轨道交通建设工程地质与水文地质条件、隧道埋深、线路平面与坡度、地表环境、施工监测结果、盾构姿态以及盾构始发掘进阶段的经验设定盾构滚转角、俯仰角、偏角、刀盘转速、推力、扭矩、送排泥水压力和流量、排土量等掘进参数。

1）合理确定泥浆参数，对泥浆性能进行检测，并进行动态管理。

2）设定和保持泥浆压力与开挖面的水土压力以及排出渣土量与开挖渣土量相平衡，并根据掘进状况进行调整和控制。

3）掘进过程中遇有大粒径石块时，应采用破碎机破碎，并采用格栅沉淀箱等砾石分离装置分离大粒径砾石，防止堵塞管道。

4）应在泥水管路完全卸压后进行泥水管路延伸、更换。

5）泥水分离设备应满足渣土砂粒径要求，处理能力应满足最大排送渣土量的要求，渣土的存放与搬运应符合环境保护规定。

6）必须严格按照注浆工艺进行壁后注浆，并根据注浆效果调整注浆参数。

9.5.13 复合盾构掘进应根据地层软硬情况、地下水状况、地表沉降控制要求等选择合适的掘进模式。

1）掘进模式的转换宜采用局部气压模式（半敞开模式）作为过渡模式，并在地质条件较好的层中完成。

2）掘进前，应根据地层软硬不均匀分布情况，确定刀具组合和更换刀具计划，并在掘进中加强刀具磨损的检测。

3）应根据地层状况采取相应措施对地层和渣土进行改良，降低对刀盘刀具和螺旋输送机的磨损。过站设备必须满足盾构安全调头和过站要求。

9.5.14 盾构调头和过站时必须有专人指挥，专人观察盾构转向或移动状态，避免方向偏离或碰撞。

9.6 盾构解体

9.6.1 解体前，应制定详细的解体方案，并准备解体使用的吊装设备、工具、材料等。

9.6.2 解体前，对各部件进行检查，对液压系统和电气系统进行标识。

9.6.3 对已拆卸的零部件应做好清理和维护保养工作。

9.6.4 地下工程施工主要是掘进和支护两大工序，当在饱和含水、松软等不良地层中修建时，为保证施工安全进行，需要一些方法加固这些不良地层，这些方法称为辅助工法。

9.6.5 常用的辅助工法有冻土法、注浆法、混凝土帷幕法等。

1）冻土法：

（1）原理：利用人工制冷技术，将底层冻结之后再进行开挖。

（2）适用范围：适用于不稳定表土底层的立井开凿，也适用于地下工程的不稳定底层或含水丰富的裂隙岩层施工。

（3）施工特点：

①冻结加固体强度高，可以做到不漏水，洞内施工环境较好；

②施工安全，隧道进洞开挖后进展较快；

③不受地表场地及深度限制，且不污染环境，对周边环境影响较小，适合城市地下建设，特别是繁华市区内工程建设。

（4）相关设备：冻结制冷设备，包括压缩机、冷凝器（图 9.6.5-1）、蒸发器和中间冷却器。

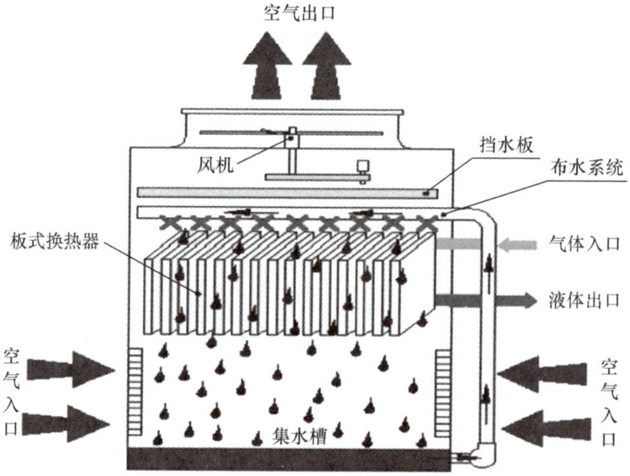

图 9.6.5-1　冷凝器

（5）施工方案：

①一次冻全深：将冻结孔全深一次冻好，制冷能力要求大；

②分段冻结：从上到下依次冻结；

③长短管冻结：分长短管布置，上部供冷量比下部大一倍，上部冻结壁形成后掘进，掘砌完后下部恰好冻好；

④局部冻结：下部或两头需要冻结，需改变冻结器的结构。

（6）冻结孔施工和冻结过程的监测与控制：冻结孔施工程序如图 9.6.5-2 所示，施工过程的监测及其质量要求和检验、控制方法分别见图 9.6.5-3 和表 9.6.5-1。

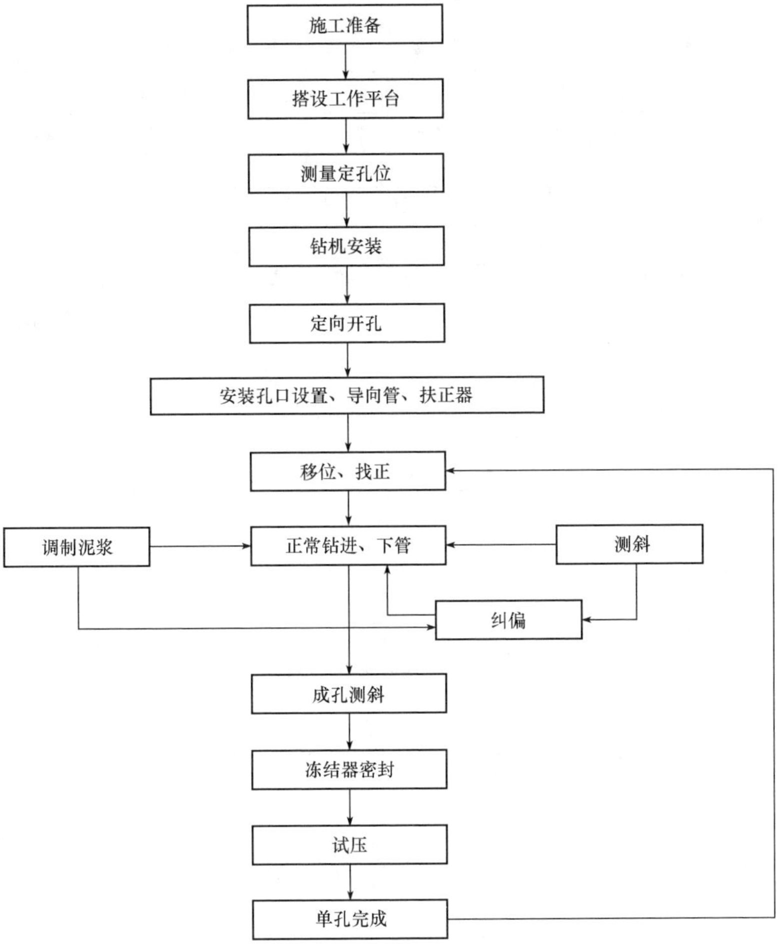

图 9.6.5-2　冻结孔施工程序

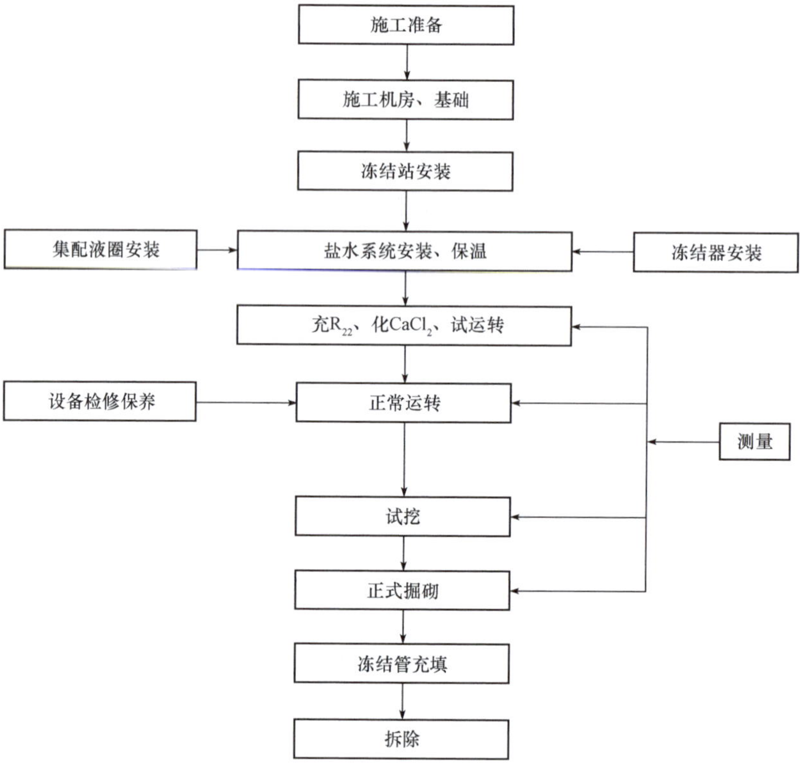

图 9.6.5-3　冻结孔施工过程的监测

表 9.6.5-1　冻结孔施工质量的检验、控制方法

序号	检测内容	设计要求	检验与控制方法
1	冻结孔孔位	偏离设计孔位不大于 5 cm	以隧道中心线和隧道轨面（或腰线）为基准，用钢卷尺测量孔位。安装孔口管和成孔后对孔位进行复核
2	冻结孔深	比冻结长度大 0.5 ～ 1.5 m	钻进时丈量钻杆或根管钻套管长度。成孔后下 1 寸钢管复测孔深
3	冻结孔偏斜	不大于 8‰	用陀螺测斜仪测斜，开孔段用经纬仪灯光测斜校核。钻进时每隔 10 ～ 20 m 测量一次钻孔偏斜，并将测斜结果绘制在控制图上。下冻结管后复测偏斜，并绘制钻孔偏斜透视图。施工完所有冻结孔后绘制冻结壁交圈图。钻孔偏斜超标时下扶正器纠斜
4	冻结孔终孔间距	不大于 2 m	按冻结孔测斜资料计算终孔间距。为了控制冻结孔最大孔间距，应先隔一个冻结孔钻进，然后根据这两孔的偏斜情况，适当调整中间冻结孔的钻进偏斜
5	冻结管规格	规格与钢号设计一致	检查出厂合格证和检验报告

续表

序号	检测内容	设计要求	检验与控制方法
6	冻结管长度	不小于设计冻结深度 0.5 m	施工时对每截冻结管材进行丈量、编号。成孔后下 1 寸钢管复测孔深
7	冻结管耐压	在 0.8 ～ 1.2 MPa 压力下稳压 30 min	用泥浆泵或手压泵注水打压。为了保证冻结管的密封性，在冻结管丝扣处涂抹密封剂
8	供液管规格	规格与设计一致	检查出厂合格证和检验报告
9	供液管长度	不小于冻结管长 0.5 m	供液管下到冻结管管底。下供液管时用钢卷尺丈量供液管长度
10	冻结管充填	充填量不小于冻结管内体积的 80%	冻结结束后要对冻结管进行充填，以免冻结管锈蚀后导水。充填用水泥浆或水泥砂，直接用砂浆泵从供液管泵入。充填量按泵量计算

2）注浆法：

（1）原理：注浆法是指利用人工制冷技术，将底层冻结之后再进行开挖的辅助施工技术。

（2）适用范围：适用于不稳定表土底层的立井开凿，也适用于地下工程的不稳定底层或含水丰富的裂隙岩层施工。

盾构机与适用土质、辅助工法的关系见表 9.6.5-2，盾构工法的选择流程如图 9.6.5-4 所示。

表 9.6.5-2　盾构机与适用土质、辅助工法的关系

地质条件				手掘式盾构			半机械掘削式盾构			机械掘削盾构			网格式盾构			泥水式盾构			土压式盾构					
																			土压盾构			泥土盾构		
分类	土质	N 值	含水率/%	辅助工法			辅助工法			辅助工法			辅助工法			辅助工法			辅助工法			辅助工法		
				无	有	种类	无	有	种类	无	有	种类	无	有	种类	无	有	种类	无	有	种类	无	有	种类
冲积性黏土	腐植土	0	＞300	×	×	A	×	×	A	×	×	A	×	△	A	×	△	A	×	△	A	×	△	A
	淤泥、黏土	0 ～ 2	100 ～ 300	×	△	A	×	×	A	×	×		○	-		○	-		○	-		○	-	
	砂质淤泥黏土	0 ～ 5	＞80	×	△	A	×	×		×	×		○	-		○	-		○	-		○	-	
	砂质淤泥黏土	5 ～ 10	＞50	△	○		×	△		△	○		△	-		△	-		○	-		○	-	
洪积性黏土	垆姆黏土	10 ～ 20	＞50	○	-		○	-		△	-		×	×		○	-		△	-		○	-	
	砂质垆姆黏土	15 ～ 25	＞50	○	-		○	-		○	-		×	×		○	-		△	-		○	-	
	砂质垆姆黏土	＞20	＞20	△	-		○	-		○	-		×	×		○	-		△	-		○	-	

续表

地质条件				手掘式盾构			半机械掘削式盾构			机械掘削盾构			网格式盾构			泥水式盾构			土压式盾构					
																			土压盾构			泥土盾构		
软岩	风化页岩、泥岩	＞50	＜20	×	−		○	−		○	−		×	×		−	−		−	−		−	−	
砂质土	混杂淤泥黏土的砂	10～15	＜20	△	○	A	△	○	A	△	○	A	×	×		○	−	A	○	−	A	○	−	
	松散砂	10～30		×	△	A•B	×	×	A•B	×	△	A•B	×	×		△	○		△	△	A	○	−	
	密实砂	＞30		△	○	A•B	△	○	A•B	△	○	A•B	×	×		○	−		△	△		○	−	
砂砾大卵石	松散砂砾	10～40		×	△	A•B	×	△	A•B	×	×	A•B	×	×		△	○	A	△	△	A	○	−	
	固结砂	＞40		△	○	A•B	△	○	A•B	△	○	A•B	×	×		○	−	A	△	△	A	○	−	
	混有大卵石的砂砾			×	△	A•B	△	○	A•B	×	×		×	×		△	△	A	△	△	A	○	−	
	卵石层			×	△	A•B	×	△	A•B	×	×		×	×		△	△		△	△	A	○	−	

注：（1）手掘式盾构、半机械掘削式盾构、机械掘削式盾构、网格式盾构，原则上采用气压工法。

无：不使用辅助工法；○：原则上适合条件 A；化学注浆工法；有：使用辅助工法；△：使用时须加讨论；B：降水法；×：原则上不适合的条件；−：特殊情况下也可以使用。

（2）○主要表示希望选定的工法，但是也包括部分土质不适合的不得不采用的情形

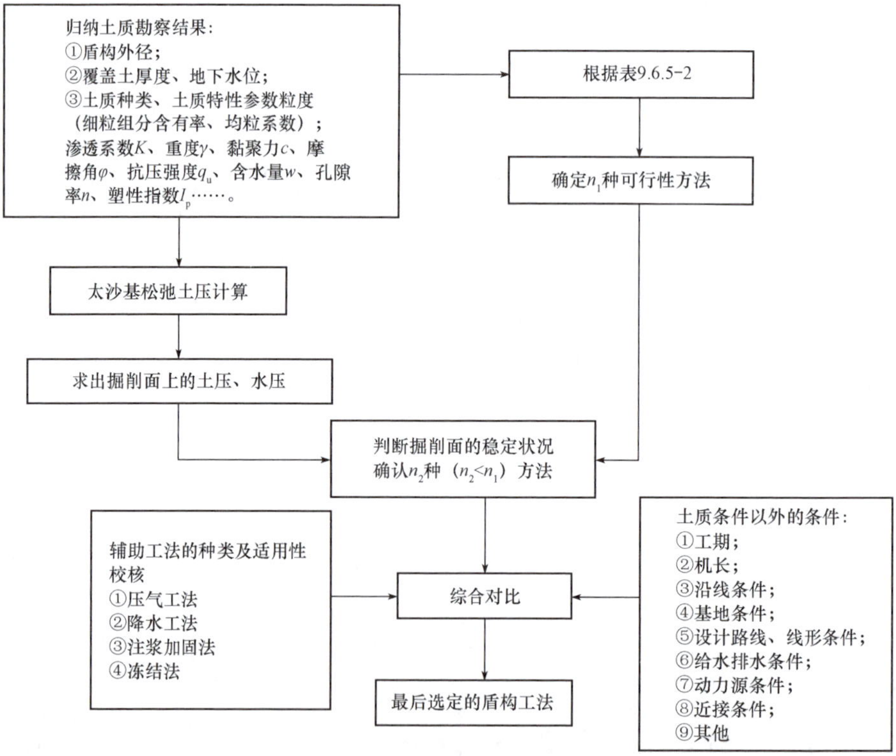

图 9.6.5-4　盾构工法的选择流程

9.7 特殊地段施工

9.7.1 盾构进入下列特殊地段，必须采取相应施工措施，确保施工安全：

1）覆土厚度不大于盾构直径的浅覆土层地段；

2）小半径曲线地段；

3）大坡度地段；

4）地下管线和地下障碍物地段；

5）建（构）筑物的地段；

6）平行盾构隧道净间距小于 0.7 倍盾构直径的小净距地段；

7）江河地段；

8）地质条件复杂地段（软硬不均互层地段）和砂卵石地段。

9.7.2 特殊地段和特殊地质施工应符合下列规定：

1）必须详细查明和分析地质状况和隧道周边环境状况，确定专项施工技术措施；

2）根据隧道所处位置与地层条件，合理设定开挖面压力，控制地层变形；

3）根据隧道所处位置与工程地质、水文地质条件，确定壁后注浆的材料、压力与流量，在施工过程中根据量测结果进行相关调整；

4）对地表及建（构）筑物等沉降进行评估，必要时，加密监测测点、提高监测频率，并根据监测结果及时调整掘进参数。

9.7.3 浅覆土层地段施工应符合下列规定：

1）控制掘进参数，减少施工对环境的影响；

2）控制盾构姿态，防止发生突变。

9.7.4 小半径曲线地段施工应符合下列规定：

1）控制推进反力引起的管片环变形、移动、渗水等；

2）使用超挖装置时，应控制超挖量；

3）壁后注浆应选择体积变化小、早期强度高、速凝型的注浆材料；

4）增加施工测量频率；

5）采取措施防止后配套车架脱轨或倾覆；

6）防止管片错台和管片严重开裂。

9.7.5 大坡度地段施工应符合下列规定：

1）选择牵引机车时，应进行必要的计算以及车辆应有防溜措施；

2）上坡时应加大盾构下半部分推力，对后方台车采取防止脱滑措施；

3）壁后注浆宜采用收缩率小、早期强度高的浆液。

9.7.6 地下管线与地下障碍物地段施工应符合下列规定：

1）详细查明地下管线类型、位置、允许变形值等，制定专项施工方案；

2）对受施工影响可能产生较大变形的管线，应根据具体情况进行加固或改移；

3）及时调整掘进速度和出渣量，减少地表的沉降和隆起，确保管线安全；

4）施工前应查明障碍物，并制定处理方案；

5）从地面处理地下障碍物时，应选择合理的处理方法，处理后应进行回填，确保盾构安全通过；

6）在开挖面拆除障碍物时，可选择带压作业或加固地层的施工方法，控制地层的开挖量，确保开挖面的稳定，并配备所需的设备及设施。

9.7.7 建（构）筑物地段施工应符合下列规定：

1）盾构施工前，应对建（构）筑物地段进行详细调查，评估施工对建（构）筑物的影响，并有针对性地采取保护措施，控制地表变形；

2）根据建（构）筑物基础与结构的类型、现状，可采取加固或托换措施；

3）加强地表和建（构）筑物变形监测及反馈，调整盾构掘进参数；

4）壁后注浆应使用快凝早强注浆材料，并保证质量。

9.7.8 小净距隧道施工应符合下列规定：

1）施工前，分析施工对已建隧道的影响或平行隧道掘进时的互相影响，采取相应的施工措施；

2）施工时，应控制掘进速度、土仓压力、出渣量、注浆压力等，减少对邻近隧道的影响；

3）对先行和既有隧道应加强监控量测；

4）可采取加固隧道间的土体、先行隧道内支设钢支撑等辅助措施，控制地层和隧道变形。

9.7.9 江河地段施工应符合下列规定：

1）详细查明工程地质和水文地质条件以及河床状况，设定适当的开挖面压力，加强开挖面管理与掘进参数控制，防止冒浆和地层坍塌；

2）必须配备足够的排水设备与设施；

3）采用快凝早强注浆材料，加强壁后同步注浆和二次注浆；

4）穿过江河前，应对盾构密封系统做全面检查和处理；

5）长距离穿越江河时，应根据地层条件预测刀具和盾尾密封的磨损，制定更换方案；

6）采取措施防止对堤岸的影响。

9.7.10 地质条件复杂地段和砂卵石地段施工应符合下列规定：

1）穿过复杂地层、地段（软硬不均互层），应优先选择复合式盾构；

2）综合考虑所穿过地段地质条件，合理选择刀盘形式和刀具配制方式、数量；

3）选择适当地点，及时更换刀具或改变其配置，以适应前方地层的掘进；

4）根据开挖面地质预测信息，调整掘进参数、壁后注浆参数和土仓压力，保证开挖面的稳定和掘进速度；

5）采用土压平衡盾构通过砂卵石地段时，应进行渣土改良；

6）采用泥水平衡盾构通过砂卵石地段时，应根据砾石含量和粒径确定破碎方法和泥浆配合比；

7）遇有大孤石影响掘进时，应采取措施排除。

9.7.11 针对特殊地段及特殊地质条件的施工措施如下：

1）浅覆土层施工：

（1）严格管理开挖面压力：覆土荷载减小，使开挖面压力允许的管理幅度缩小，即使少量的误差，也可能给开挖面稳定带来很大影响。因此，在掘进时，应特别注意使用的泥浆或添加剂的性质以及开挖面压力管理，尽量减小对地表或地下建（构）筑物的影响。

（2）浅覆土地段的壁后注浆：由于盾尾空隙会立即影响到地面或地下构筑物，故要进行充分的壁后注浆管理以控制地层变形。宜使用有早期强度的壁后注浆材料，采用同步注浆方法进行施工。

（3）在进行开挖面压力管理或壁后注浆管理时，可通过试验确定开挖压力管理值和注浆参数等。

（4）穿越河流的浅覆土施工，应对开挖面的稳定、泥浆或添加材料的泄漏或喷出采取措施，还应注意采取相应措施，防止隧道的上浮或管片的变形。

2）小半径曲线施工：

（1）超挖量：用部分外扩式超挖刀进行开挖时，超挖量大，小半径曲线施工容易。但是，这样会由于围岩的松动、壁后注浆材料绕入开挖面、推进反力的下降，使隧道变形增大。因此，要考虑地层的稳定性，把超挖量控制在容许范围内。

（2）壁后注浆：小半径曲线施工时，管片从盾尾脱出后如果不能立即与围岩形成一体，盾构推进就不能充分取得反力，导致产生较大的管片变形和隧道位移的危险。应选择体积变化小、早期强度高的注浆材料。考虑到超挖量，注入量也需要适当增加。为了防止注入材料绕入开挖面等，应采取在管片背面安装填充袋再向该袋内注入的方法。

（3）线路测量：应根据需要增加测量频率。在地层稳定性差的地段，为了防止曲线部分的超挖而引起的地层松动，可采用化学加固或高压喷射搅拌施工等进行辅助施工。

3）大坡度区段施工：

（1）盾构前部比较重，上坡掘进时需要加大下半部盾构千斤顶推进能力，对于后方台车应采取防止脱车措施。

（2）大坡度施工中的壁后注浆材料，宜采用体积变化小、早期强度高的瞬结性材料。下坡度时，壁后注浆材料绕入开挖面的可能性大，应注意采取措施解决这一问题。

4）地下管线区段施工：应特别注意详细查明地下管线分布、管线类型和业主提出的允许变形值，制定具体的保护措施。

5）地下障碍物处理：首先必须详细查明地下障碍物的具体位置与实物，原则上采取提前在地面上拆除和回填的办法处理。在洞内拆除困难很大，国内也尚无这方面的经验。因此，采取洞内拆除，需进行可行性研究和制定有效的安全措施。

6）穿越建（构）筑物施工：对地表已有建（构）筑物进行加固或对盾构隧道上方与建（构）筑物之间地层进行加固，应根据具体地层、埋深、隧道直径、建（构）筑物现状等条件，制定加固范围与方法。宜通过试验段施工，根据量测评定其效果，选择合理的方法。

7）小净距隧道施工：

应注意以下现象：

（1）后续盾构的推进对先行隧道的挤压和松动；

（2）后续盾构的盾尾通过对先行隧道的松动；

（3）后续盾构的壁后注浆对先行隧道的挤压；

（4）先行盾构引起的地层松弛导致的后续盾构的偏移等。

伴随以上现象会发生管片变形、接头螺栓变形和断裂、漏水、地表沉降量的增大等。

8）穿越江河地段：

（1）江河部分施工地层情况变化急剧，地下水流动快，对选择盾构形式和制定施工措施非常重要，必须详细进行地质和水文地质调查，应包括地质钻孔的位置与对施工的影响。

（2）河床地质和水文地质条件复杂，在水底部分水压力比覆土压力更大，必须根据地层的水土压力设定适合的开挖面压力。

（3）预测盾构施工对堤岸、周边结构物的影响，根据需要采用辅助工法保证堤岸周边结构的安全。

（4） 除了要考虑开挖面的稳定、泥浆或添加材料的泄漏或喷出外，还需要特别考虑隧道上浮问题和管片的变形问题，并采取相应措施加以解决。

9）砂卵石地段施工：盾构在砂卵石地段施工，刀具磨耗大，更换刀具频繁。对于直径较大的砾石的处理，其方法是在开挖面上安装特种刀具或选用带破碎机的盾构进行施工，也可采用爆破方法破碎大直径砾石。对于采用泥水平衡盾构的排渣管道，应注意防止砾石引起的堵塞。

9.8 刀具更换

9.8.1 应预先确定刀具更换的地点与方法，并做好相关准备工作。

9.8.2 刀具更换宜选择在工作井或地质条件较好、地层较稳定的地段进行。

9.8.3 在不稳定地层更换刀具时，必须采取地层加固或压气法等措施，确保开挖面稳定。

9.8.4 带压进仓更换刀具前，必须完成以下准备工作：

1）对带压进仓作业设备进行全面检查和试运行；

2）采用两种不同动力装置，保证不间断供气；

3）气压作业区严禁采用明火，若必须使用电焊气割，应对所用设备加强安全检查，同时必须加强通风与增加消防设备。

9.8.5 带压更换刀具必须符合下列规定：

1）通过计算和试验确定合理气压，稳定工作面和防止地下水渗漏；

2）刀盘前方地层和土仓满足气密性要求；

3）由专业技术人员对开挖面稳定状态和刀盘、刀具磨损状况进行检查，确定刀具更换专项方案与安全操作规定；

4）作业人员应按照刀具更换专项方案和安全操作规定更换刀具；

5）保持开挖面和土仓空气新鲜；

6）作业人员进仓工作时间应符合表 9.8.5 的规定。

表 9.8.5　作业人员进仓工作时间

仓内压力 /MPa	工作时间		
	仓内工作时间 /h	加压时间 /min	减压时间 /min
0.01 ~ 0.13	5	6	14
0.13 ~ 0.17	4.5	7	24
0.17 ~ 0.255	3	9	51
注：24 h 内只允许工作 1 次			

9.8.6 进仓工作时间流程如图 9.8.6 所示。

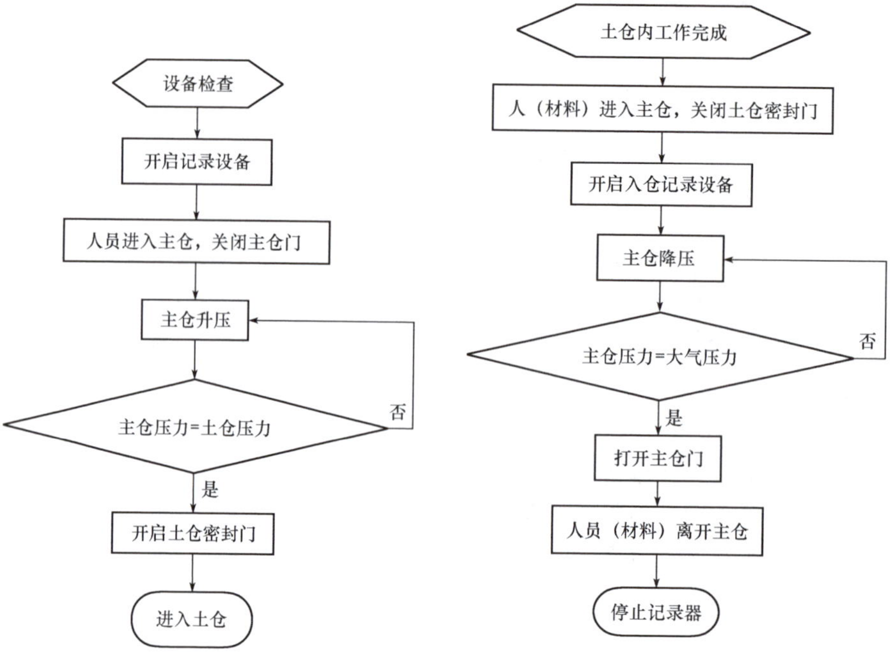

图 9.8.6　进仓工作时间流程

9.9　盾构接收

9.9.1　盾构接收前应制定接收施工方案，内容包括接收掘进、管片拼装、壁后注浆、洞口外土体加固、洞口围护破除、洞口钢圈密封等。

9.9.2　盾构到达接收工作井 100 m 前，必须对盾构轴线进行测量并做调整，保证盾构准确进入接收洞口。

9.9.3　盾构到达接收工作井 10 m 内，应控制盾构掘进速度、开挖面压力等。

9.9.4　应按预定的破除方法破除洞口。

9.9.5　盾构主机进入接收工作井后，应及时密封管片环与洞口间隙。

9.9.6　盾构到达接收工作井前，应采取适当措施，使拼装管片环缝挤压密实，确保密封防水效果。

9.10 盾构调头和过站

9.10.1 盾构调头和过站前，应做好施工现场调查、技术方案以及现场准备工作。

9.10.2 盾构调头和过站方案可根据竖井尺寸，盾构直径、质量及移动距离等决定。

9.10.3 当盾构在工作井内调头时，可采用临时转向台调头；小直径且质量轻的盾构，可用起重机直接起吊调头。当盾构在井下通过车站移动至另一个区间掘进施工时，其移动距离较大，可采用移车台，或在预设轨道上使用顶推、牵引等方法调头。

10　管片拼装

10.1　一般规定

10.1.1　盾构施工之前，所有施工人员应熟悉管片设计、排列情况；施工过程中应依据施工位置、盾构姿态、盾尾间隙、设计状况等，准备、运输、安装管片。

10.2　拼装准备

10.2.1　隧道管片在地面上按拼装顺序排列堆放，并应粘贴好接缝弹性密封垫等防水材料，备好连接螺栓和定位棒（图 10.2.1）。

10.2.2　盾构推进后现状姿态应符合拼装要求。

10.2.3　应对前一环管片环面进行质量检查和确认。

10.2.4　应对拼装机具和材料进行检查（图 10.2.4）。

图 10.2.1　三环试拼装及接缝测量

图 10.2.4　拼装机具检查

10.2.5　管片拼装前，必须清除前一环环面和盾尾里的垃圾及异物。第一块管片定位（在定位前应观察管片与盾构四周空隙情况及上环管片成果报表来决定本环纠偏方法与纠偏量，然后确定第一块的拼装位置）及每块管片位置的准确性。

10.3　拼装作业

10.3.1　管片拼装应按拱底块、左右标准块、左右邻接块、封顶块的顺序进行。管片拼装工艺流程如图 10.3.1 所示。

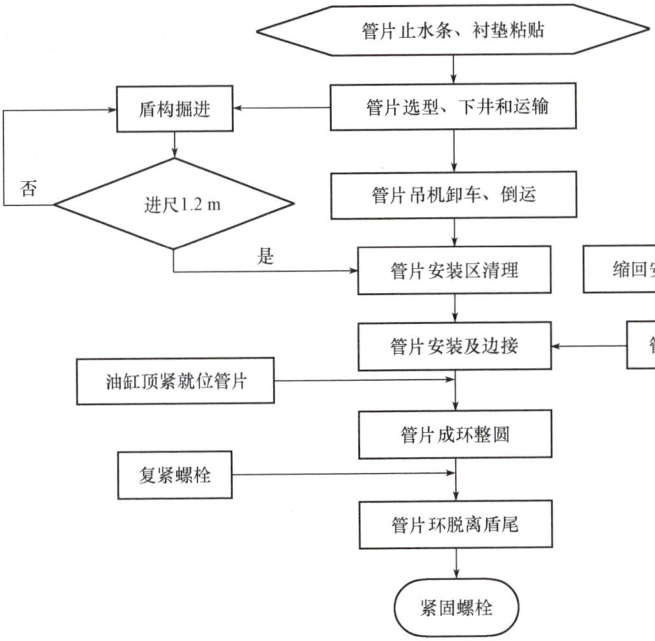

图 10.3.1　管片拼装工艺流程

10.3.2　在管片拼装过程中，应严格控制盾构千斤顶的伸缩，使盾构姿态保持不变，保证开挖面稳定。

10.3.3　拼装机操作要平稳，转速不能过大，以免造成管片碰碎、止水带损坏。管片位置应放正确，千斤顶要有足够的顶力，使管片不发生相对滑动。

10.3.4　安装作业应按拼装工艺要求逐块拼装管片，定位棒须安装准确到位，确保完好无损。

10.3.5 当完成洞门凿除、洞门密封装置安装及盾构组装调试等工作后，组织相关人员对盾构设备、反力架、始发基座等进行全面检查与验收。验收合格后，开始将盾构向前推进，并安装负环管片（图 10.3.5）。

1）在盾尾壳体内安装管片支撑垫块，为管片在盾尾内的定位做好准备；

2）从下至上依次安装第一环管片，要注意管片的转动角度一定要符合设计要求，换算位置误差不能超过 10 mm；

3）安装拱部的管片时，由于管片支撑不足，一定要及时加固；

4）第一环负环管片拼装完成后，用推进油缸把管片推出盾尾，并施加一定的推力把管片压紧在反力架上的负环钢管片上，用螺栓固定后即可开始下一环管片的安装；

5）管片在被推出盾尾时，要及时支撑加固，防止管片下沉或失圆，同时要考虑盾构推进时可能产生的偏心力，因此支撑应尽可能稳固；

6）当刀盘抵达掌子面，推进油缸已经可以产生足够的推力稳定管片时，就可以把管片定位块取下。

图 10.3.5　负环管片拼装

10.3.6 成环后作圆环校测，并全面检查所有纵向螺栓均需拧紧，并应用标准测力扳手检测拧紧程度。

10.3.7 环纵向螺栓应全部穿进。在盾构掘进的同时依次拧紧环纵向螺栓。对后几环的环向螺栓，应以长扳手予以拧紧（扳手柄长一般为 70 ～ 80 cm）。

10.3.8 拼装过程中遇有管片损坏，应及时用规定材料修补，管片损坏超过规定的标准应严禁使用。

10.4　特殊管片拼装

10.4.1 平曲线段管片拼装时，必须使各种管片在环向定位准确，保证隧道轴线符合设计要求。

10.4.2 特殊位置管片拼装时，应根据特殊管片的设计位置，调整好盾构姿态和盾尾间隙，并按设计要求做好管片拼装工作。

10.5 管片拼装的要求

10.5.1 管片无贯穿裂缝，无大于0.2 mm宽度的推顶裂缝，无缺角、掉边现象。

10.5.2 管片防水条齐全、无缺损，粘贴牢固、平整，防水垫圈无遗漏。

10.6 管片拼装成环允许偏差

施工阶段管片拼装成环质量允许偏差应符合表 10.6.1 的规定。

表 10.6.1 管片拼装成环质量允许偏差

序号	项目	允许偏差 /mm	检测数量		检验方法
			范围	点数	
1	高程	±50	每 5 环	1	水准仪
2	平面	±50	每 5 环	1	全站仪
3	相邻环管片允许高差	4	每 5 环	1	尺量
4	环缝张开	≤2	每 5 环	4	插片
5	纵缝张开	≤2	每 5 环	4	插片
6	衬砌环直径椭圆度	5‰ D	每 5 环	1	测量计算

11 壁后注浆

11.1 一般规定

11.1.1 壁后注浆分为同步注浆、即时注浆和二次补强注浆等，应根据工程地质条件、地表沉降状态、环境要求及设备情况等因素选择注浆方式和注浆参数。同步注浆流程如图 11.1.1-1 所示，二次补强注浆如图 11.1.1-2 所示。

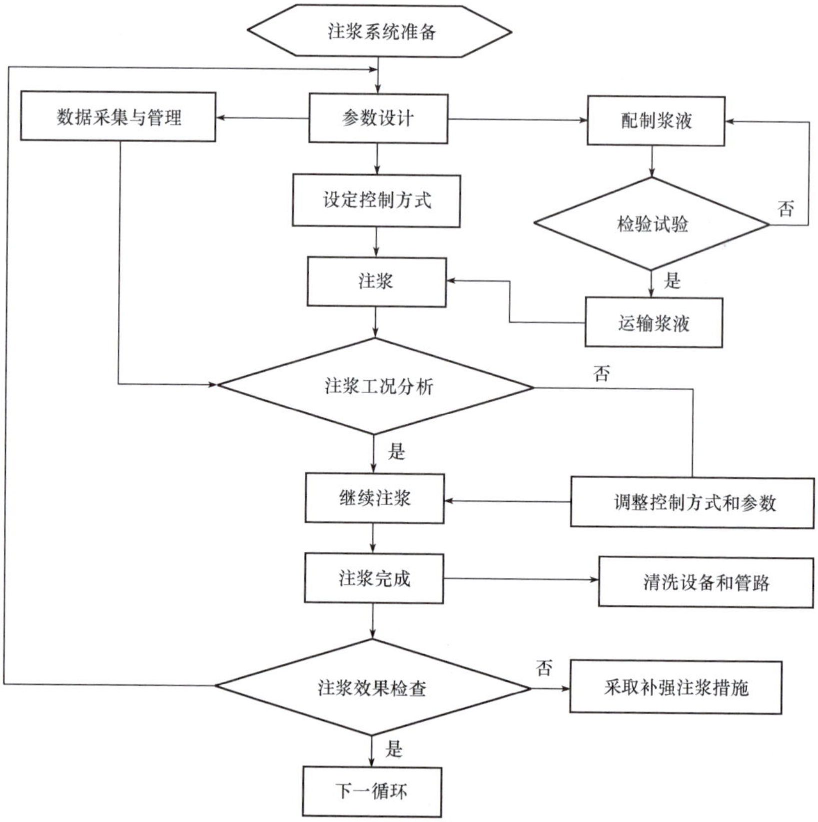

图 11.1.1-1 同步注浆流程

图 11.1.1-2　二次补强注浆

11.1.2　同步注浆和即时注浆必须与盾构掘进同步进行。

11.1.3　壁后注浆过程中必须采取措施，减少注浆施工对周围环境的影响。

11.2　注浆参数的选择

11.2.1　注浆压力应根据地质条件、注浆方式、管片强度、设备性能、浆液特性和隧道埋深等因素综合确定。

11.2.2　同步注浆和即时注浆注浆量的充填系数根据地层条件、施工状态和环境要求确定，通常取 1.30 ～ 2.50。

11.2.3　同步注浆的注浆速度应根据注浆量和掘进速度确定。

11.2.4　根据隧道稳定状态和环境保护要求，可进行二次补强注浆。二次补强注浆的注浆量和注浆速度应根据环境条件及沉降监测结果等因素确定。

11.3　注浆前的准备

11.3.1　根据注浆要求进行注浆材料的试验和选择。可按地质条件、隧道条件和工程环境合理选用单液或双液注浆材料。

11.3.2　壁后注浆材料应满足强度、流动性、可填充性、凝结时间、收缩率、环保等要求。

11.3.3　按照注浆施工要求准备拌浆、储浆、注浆设备，并进行试运转。

11.4 注浆作业

11.4.1 注浆用浆液应符合下列规定：

1）浆液应按设计配合比拌制；

2）浆液的相对密度、稠度、和易性、杂物最大粒径、凝结时间、凝结后强度、浆体固化收缩率均应满足工程要求；

3）拌制后浆液应易于压注，在运输过程中不离析、不沉淀。

11.4.2 注浆作业（图 11.4.2）应连续进行。

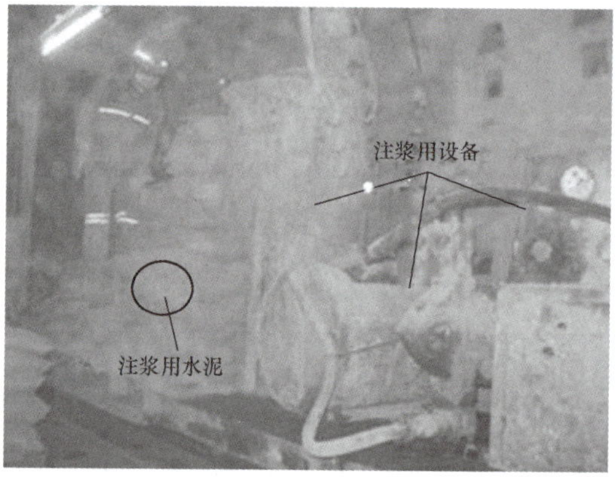

图 11.4.2 注浆作业

11.4.3 宜配备对注浆量、注浆压力、注浆时间等参数进行自动记录的仪器。

11.4.4 注浆作业时，应观察注浆压力及流量变化，严格控制注浆参数（图 11.4.4-1、图 11.4.4-2）。

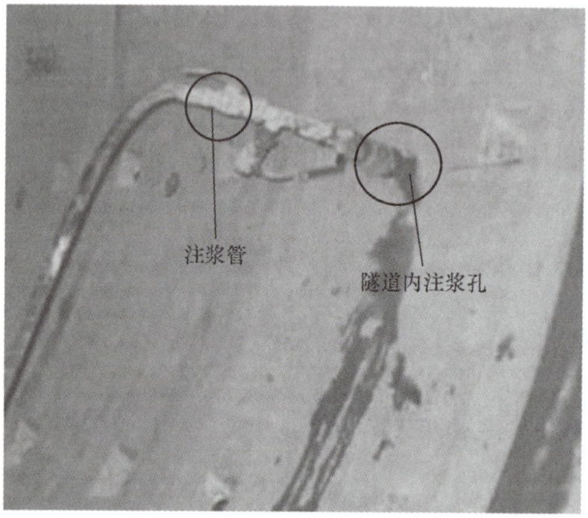

图 11.4.4-1 注浆

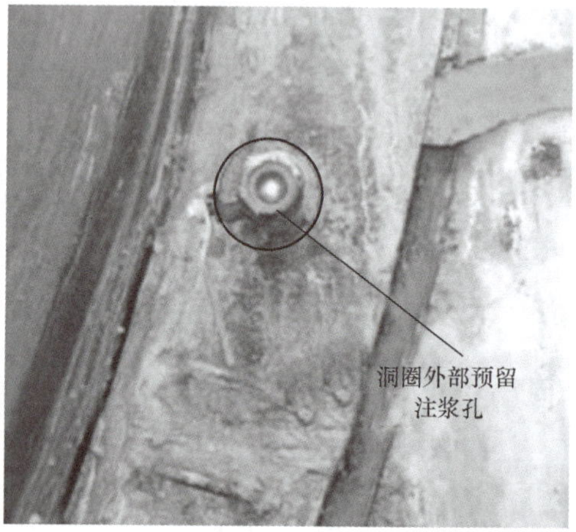

图 11.4.4-2 预留注浆孔

11.4.5 注浆作业后，应及时清洗注浆设备和管路。

11.4.6 管片与地层间隙应填充密实，并确保衬砌环稳定、不漏水。

11.5 可硬性浆液材料及配比

11.5.1 可硬性浆液由水泥、膨润土、粉煤灰、砂、外掺剂、水等搅拌而成，材料的要求见表 11.5.1。

表 11.5.1 可硬性浆液材料要求

材料	需求
水泥	42.5 普硅
膨润土	95% 通过 200 目筛、膨胀率 18 ～ 20 mL/g
粉煤灰	符合相关国家标准要求
细砂（河砂）	购买的细砂通过小于 5 mm 筛孔后使用
外掺剂（SY-1）	相对密度 1.02±0.01，pH 值 7.0 ～ 9.0
泵送剂（ND-105）	固体含量 30% ～ 35%，pH 值 8.0 ～ 10.0
水	生活用水

11.5.2 应按地层性质、地面超载条件、变形控制要求并经试验合理调整，同时应根据不同盾构注浆设备的特点选择合适的浆液配比。

11.5.3 注浆材料的性能应达到表 11.5.3-1、表 11.5.3-2 的规定。

表 11.5.3-1 可硬性浆液的性能指标

测试内容	性能标准
稠度 /cm	10.5 ～ 11.5
初凝值 /h	16′ 24″
泌水率 /mL	＜ 2.5
抗压强度	R7 ≥ 0.1 MPa，R28 ≥ 0.5 MPa
相对密度	1.75±0.5

表 11.5.3-2 可硬性浆液的性能指标测试标准

测试内容	测试仪器	测试标准
稠度 /cm	砂浆稠度测定仪	建设部标准 JGJ/T 70—2009
初凝值 /h	砂浆凝结时间测定仪	建设部标准 JGJ/T 70—2009
相对密度	容积升	建设部标准 JGJ/T 70—2009
泌水率 /%	1 000 mL 量筒	参照公路桥涵 JTG/T F50—2011

11.6 拌浆作业准备

11.6.1 地面拌浆系统应满足拌制浆液的质量和数量要求，机具设备运转正常并符合安全要求。拌浆间位置应利于材料运输，保证人员安全、放浆方便，内部区域划分清晰、有序。

11.6.2 材料堆放整齐，配备必要的计量器具，材料配合比明确标识。

11.6.3 各材料进货需严格把关，水泥每 200 t 做 1 次复试，其余材料如膨润土等每区间复试 1 次，拌浆必须称量准确。浆液使用的水泥、粉煤灰须新鲜、干燥、不结块，外掺剂须储存在阴凉的地方。细砂使用前必须用小于 5 mm 筛网筛分。

11.6.4 注浆（图 11.6.4）各岗位操作人员需经专门培训，熟悉有关操作要点。

图 11.6.4 注浆

11.7 可硬性浆液拌浆作业

11.7.1 拌浆前须清除拌浆机内所有垃圾和水泥浆硬块，浆桶应定期清洗，防止浆液硬化结块。拌浆系统长时间停用时，应对整个系统进行彻底清洗、保养。

11.7.2 拌浆桶中先加入配比中水的 3/4 量，搅拌下加入粉煤灰、砂，然后投入外掺剂 SY-1、ND-105，再均匀加入水泥及剩余的 1/4 量水。

11.7.3 加料完毕后的拌浆时间不得少于 10 min，期间搅拌机宜正反交替拌浆，不留死角。拌匀后的浆液稠度须在 10.5 ～ 11.5 cm 范围内才可放入运浆车。

11.7.4 进料严格按配比要求，并如实填写拌浆记录表，见表 11.7.4。

表 11.7.4 拌浆记录表

注浆管片编号： 日期： 年 月 日

时间	拌浆量/m	水泥/kg	膨润土/kg	粉煤灰/kg	砂/kg	外掺剂SY-1/kg	泵送剂ND-105/kg	水/L	记录人
设计配比（1.25 m）									
水泥/kg	膨润土/kg	粉煤灰/kg	砂/kg	外掺剂SY-1/kg	泵送剂ND-105/kg	水/L			
试样抽检记录								记录人	

11.7.5 每班拌浆作业结束后，拌浆设备应冲洗干净，以防残留浆液板结。

11.7.6 每作业班必须对浆液取样做相对密度、稠度、初凝值、泌水率测试，并如实填写拌浆记录表。每拌制 20 m 浆液，应取样做相对密度、稠度、初凝值、泌水率测试，并做 2 组（6 块）7.07 cm×7.07 cm×7.07 cm 浆液试块，养护后送检，测试 28 d 抗压强度。

11.8 可硬性浆液注浆作业

11.8.1 注浆作业须与盾构推进同步进行，应采用多点均匀浆液注入，注入量应同掘进速度相适应。

11.8.2 注浆率一般应为 140% ～ 250%，可根据隧道工程的地层条件、隧道稳定性和环境保护要求，通过试验实测确定其合理注浆率。

11.8.3 作业人员须随时观察注浆工况，注浆压力应略大于周边地层压力，严格控制地面沉降和隧道沉降（小于 20 mm）。

11.8.4 一旦发生意外故障，应立即通知当班班长，要求暂时停止盾构掘进，排除故障后方可复工。

11.8.5 首次注浆前所有管道均须水润湿后才可压浆。

11.8.6 作业结束前最后一拌浆应拌制清洗浆石液，并压送至盾尾浆管。长时间停顿时，须将压浆直管及环管等所有拌浆、注浆设备用水循环泵洗、清空。

11.8.7 若由于某种原因未能进行充分的同步注浆施工而出现管片渗漏水的现象时，需根据实际清空，对上述段进行补充注浆，壁后二次补压浆液宜选双液浆。

11.8.8 如实填写盾尾同步注浆记录表（见表 11.8.8），并做好每班交接工作。

表 11.8.8 盾尾同步注浆记录表

推进环号	注浆时间	注浆量	注浆压力	注浆部位	记录人

11.9 注浆的质量控制

11.9.1 每环的注浆量应在理论注浆量的基础上做适当调整，以保证地表和隧道沉降达到控制要求。

11.9.2 注浆压力以控制地表变形为原则，应均匀，以免损坏管片。

11.9.3 浆液的性能、注入量及注浆压力必须经现场试验确定，并满足施工要求。

11.9.4 浆液易压送且在输送过程中不离析、不沉淀。

11.9.5 注浆应饱满、密实。

11.9.6 压浆作业与盾构推进同步进行，其压入量应与推进速度相适应，在每段隧道推进前做出明确规定并严格执行。

11.9.7 压浆浆液必须按配比拌浆，不得私自任意更改。

11.9.8 盾构推进 300 m，施工监理必须对压浆施工质量做抽检。在拱底和拱腰部位取 30 个压浆孔，拧开后探查浆液厚度和强度（采用 60 cm 钢钎锤击）。

11.9.9 同步注浆是在盾构掘进的同时，通过安装在盾构壳体外侧的注浆管和管片的注浆孔进行壁后注浆的方法；即时注浆是在掘进后迅速进行壁后注浆的方法。

11.9.10 二次补强注浆是对壁后注浆的补充，其目的是填充注浆后的未填充部分，补充注浆材料收缩体积减小部分，处理渗漏水和对由于隧道变形引起的管片、注浆材料、地层之间产生的剥离状态进行填充注浆，使其形成整体，提高止水效果等。

11.9.11 注浆压力应根据计算确定。注浆出口压力应稍大于注浆出口处的静止土压力，注浆压力一般大于出口压力 0.1 ～ 0.2 MPa。通过计算的注浆压力不应过大，从而导致浆液溢出地面或造成地表隆起，也不应过小而降低注浆作用。

11.9.12 同步或即时注浆的注浆量宜按下式计算：

$$Q=\lambda\times\pi(D^2-d^2)L/4 \tag{11.9-1}$$

式中 Q——注浆量（m^3）；

λ——充填系数，根据地质情况、施工情况和环境要求确定；

D——盾构切削外径（m）；

d——预制管片外径（m）；

L——每次充填长度（m）。

11.9.13 在施工中按注浆量注浆效果应做具体调整，注浆量与盾构掘进时扰动土层范围有关系，扰动范围是变量，一般情况下充填系数取 1.30 ～ 1.80；在裂隙比较发育或地下水量大的岩层地段，充填系数一般取 1.50 ～ 2.50。

11.9.14 注浆原材料的选用应按地质条件及环保要求并经试验合理选定，一般要求如下：

1）注浆作业全过程浆液不易产生离析；

2）具有较好的流动性，易于注浆施工；

3）压注后浆液固化收缩率小；

4）有较好的不透水性能；

5）压注后强度能很快超过土层；

6）使用前必须进行材料试验，符合要求后方可正式用于工程。

11.9.15 注浆设备按采用的注浆工艺合理选择，应包括注浆泵、软管、管接头、阀门控制系统等。选用的设备应保证浆液流动畅通、接点连接牢固，以防漏浆。

11.9.16 拌浆设备宜采用强制式搅拌机，其容量要与施工用浆量相适应。拌浆站必须配有测定浆液质量的稠度仪，随时测定浆液流动性能。注浆时应观测与控制注浆压力、注浆量，防止泄漏，并做好记录。当同步注浆作业发生故障时，应立即停止盾构掘进，及时排除故障。注浆结束后应在一定压力下关闭浆液分配系统，同时打开回路管，停止注浆。注浆管路内压力降至 0 后，拆下管路进行清洗。

12 隧道防水

12.1 一般规定

12.1.1 盾构法施工的隧道防水（图 12.1.1）应包括管片本体防水、管片接缝防水和隧道渗漏处理三项内容。

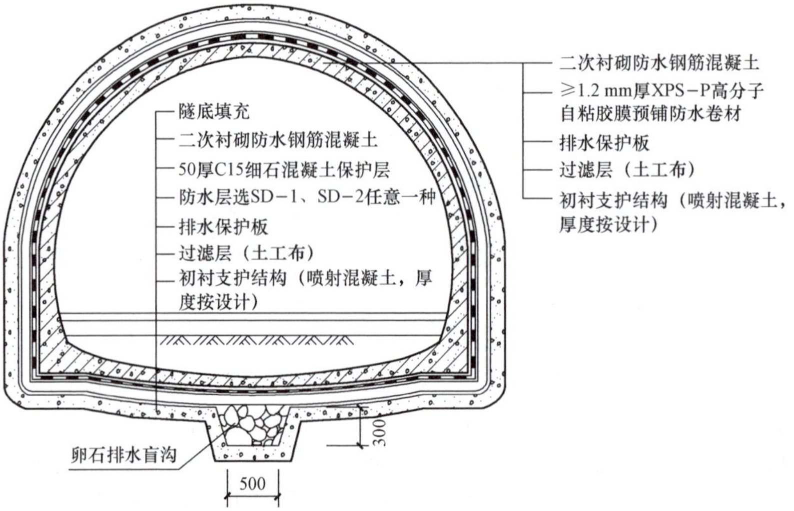

图 12.1.1　隧道防水示意图

12.1.2 管片接缝防水是防止隧道渗漏、保证隧道安全施工和正常使用的关键措施，管片接缝防水必须进行渗漏点（图 12.1.2−1、图 12.1.2−2）观察，其结果应符合隧道防水设计提出的要求。

图 12.1.2-1 隧道环缝渗漏

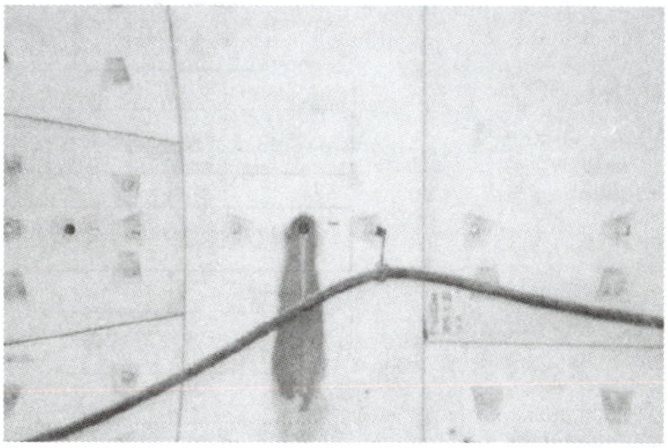

图 12.1.2-2 隧道吊孔渗漏

12.1.3 对于采用遇水膨胀类的防水材料，其运输和存放时必须做好防潮工作，以免失效。

12.1.4 管片接缝防水密封条（图 12.1.4）粘贴前必须做好预留槽的清洁工作，以保证防水条与管片粘贴紧密可靠。管片角隅处加贴自粘性橡胶薄片时，应保证不漏贴，以提高接缝处的防水效果。

图 12.1.4 管片接缝防水密封条

12.1.5 粘贴防水密封条后的管片堆放，应设置防雨措施。粘贴施工质量应有自检、互检记录。

12.1.6 管片拼装时应精心施工，严防托槽、扭曲等损坏防水材料的现象发生。封顶块拼装时应保持足够的封口尺寸，防止防水密封条擦坏、变形。

12.1.7 接缝防水密封条的构造形式、截面尺寸、强度、遇水膨胀倍率和材料性能必须符合设计要求，接缝防水密封的施工必须严格控制质量。

12.1.8 按管片型号套上同型号防水密封条，严禁使用尺寸不符合要求及有质量缺陷的防水密封条。

12.1.9 压浆孔闷头、手孔必须按规范进行拧紧和封堵。

12.1.10 采用的防水材料必须具有质量合格证及检验报告，同时现场应分批进行抽检送检，尤其是防霉试验，合格后才能投入使用。500 环送检一次，防霉试验一段区间送检一次。

12.1.11 水密封条粘贴要牢固，使吊运和拼装过程中不失落、不移位。

12.1.12 洞口防水施工工艺流程如图 12.1.12 所示。

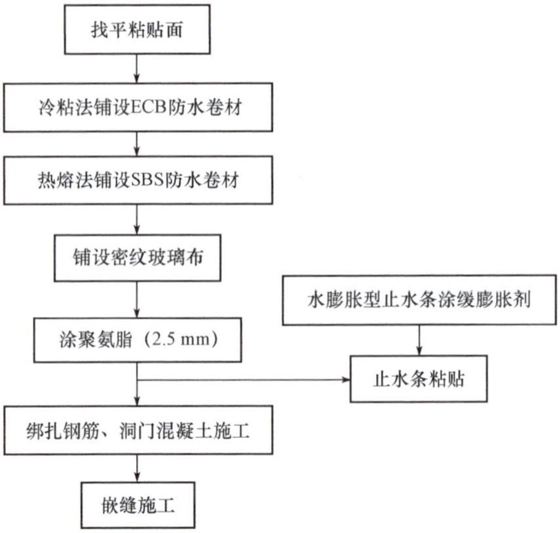

图 12.1.12　洞口防水施工工艺流程

12.2　管片修补

12.2.1　当隧道衬砌表面出现以下缺陷时，必须进行修补：

1）缺棱掉角，如图 12.2.1-1 所示；

2）混凝土剥落，如图 12.2.1-2 所示；

图 12.2.1-1　缺棱掉角

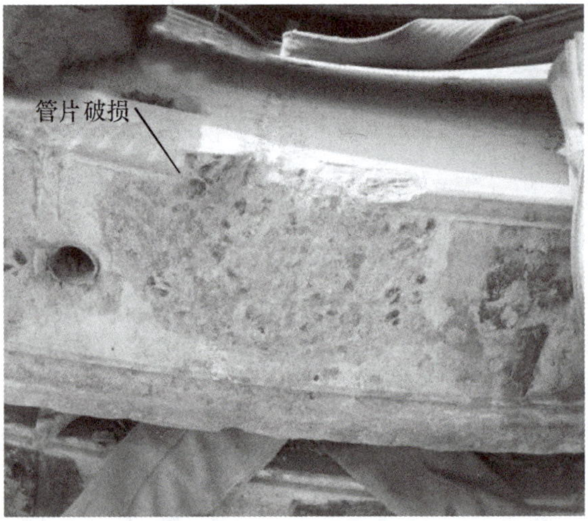

图 12.2.1-2　混凝土剥落

3）宽的裂缝或贯穿性裂缝大于 0.2 mm，如图 12.2.1-3 所示。

图 12.2.1-3　宽的裂缝或贯穿性裂缝大于 0.2 mm

12.2.2　管片修补时，应分析管片破损原因及危害程度，制定适当的修补方案。

12.2.3　修补材料的抗拉强度不应低于 1.2 MPa，抗压强度不应低于管片强度的 85%。

12.3　施工排水

12.3.1　隧道施工排水应符合下列规定：

1）隧道内纵向设排水沟，横向设排水坡，隧底纵横向坡应平顺；

2）洞内顺坡排水沟断面应满足洞内渗漏水和施工废水的排出需要。在膨胀岩、土质地层、围岩松软地段，应铺砌水沟或用管槽排水，排水沟应经常清理。

3）施工期间运输轨道的道床，为防止阻塞隧底水流，可设横向截水沟并汇入两侧的排水沟；

4）洞内反坡排水应采用机械排水，可根据距离、坡度、水量和设备情况布置管路和泵站，一次或分段接力排出洞外；集水坑的容积应按实际排水量确定，其位置确定应以减少施工干扰为准；配备水泵的能力应大于排水量 20% 以上，并应有备用台数。

12.3.2　利用辅助坑道排泄正洞水流时，应根据流量的大小与需要，设置排水沟，保证排水畅通，严防坑道内积水和漫流。

12.3.3　施工期间应根据现场情况定期对地下水的水质进行检测，当发现异常时应及时与设计单位联系；根据施工需要应对水量、水压进行日常检测。

12.3.4　隧道施工排水污水处理设施应满足设计要求，并符合本指南的规定。

13 施工安全与环境保护

13.1 一般规定

13.1.1 根据盾构类型、地质条件和工程实际，制定盾构安全技术操作规程和应急预案，确保施工作业在安全和卫生环境下进行。

13.1.2 根据盾构设备状况、地质条件、施工方法、进度和隧道掘进长度等条件，选用适宜的通风方式、通风设备及隧道内温度控制措施，并应符合国家现行相关标准规定。

13.1.3 隧道内作业场所必须设置照明设施。

13.1.4 隧道内作业场所必须配备消防设施。

13.1.5 隧道和工作井内必须安置足够的排水设备。

13.1.6 隧道内作业位置与场所必须保证作业通道畅通。

13.1.7 存在可燃性或有害气体时，必须使用专用仪器进行检测，并加强通风，使可燃性或有害气体浓度控制在安全允许范围内。

13.1.8 施工作业环境气体必须符合下列规定：

1）空气中氧气含量不得小于 20%；

2）瓦斯浓度小于 0.75%；

3）有害气体浓度：

（1）CO 不超过 30 mg/m^3；

（2）CO_2 不超过 0.5%（按体积计）；

（3）氮氧化物换算成 NO_2 不超过 5 mg/m^3。

13.1.9 隧道内温度不应高于 32 ℃。

13.1.10 隧道内噪声不应大于 90 dB。

13.1.11 施工通风必须符合下列规定：

1）采取机械通风（通常选用压入式通风）；

2）根据隧道内施工高峰期人数，每人需供应新鲜空气不得少于 3 m^3/min，隧道内最低风速不得小于 0.25 m/s。

13.1.12 应采取措施避免施工噪声、振动、水质和土壤污染及地表沉降。

13.1.13 监控量测信息反馈应根据监控量测数据分析结果，对施工安全性进行评价，并提出相应的工程对策与建议。

13.1.14 隧道施工过程中应进行监控量测数据的实时分析和阶段分析。每天须根据监测数据及时进行分析，发现安全隐患应分析原因并提交异常报告，原则上按周、月递交分析报告，但特殊情况下必须紧急报告。监测实施单位应及时将量测数据和分析结果反馈给设计和监理单位，并迅速处理。

13.1.15 设计单位应根据隧道工程地质条件、环境条件、断面大小、施工方法和安全要求进行监控量测设计，在开工前向施工单位做好技术交底，提供与本工程监测项目相关的技术参数，科学指导现场施工的监控量测工作。

13.1.16 在工程项目开工前，施工单位必须成立监控量测小组，建立质量保证体系。在施工过程中应将监控量测纳入正常的施工组织管理工作中，并在监控量测工作实施前编制实施方案。

13.1.17 监理单位应审查施工单位监控量测资质，对隧道监控量测实施过程进行监理和审核监控量测成果等。

13.1.18 当施工安全性评价超过 I 级管理时，建设单位、勘察设计单位必须尽快明确有针对性的施工措施，确保施工安全。对工程地质和环境条件特别复杂的隧道，建设单位应选择具有专业资质的第三方进行监控量测或复核工作。第三方应建立监控量测安全管理体系。

13.1.19 监控量测实施单位应配备安全员，在隧道监控量测过程中应设有安全岗哨。

13.1.20 监控量测作业区域照明的照度必须满足数据采集和作业人员安全操作的需要。

13.1.21 隧道施工过程中要妥善保护监控量测的元器件，并有显著的安全标识。在岩爆地段埋设量测元器件，必须在对岩爆妥善处理后进行。

13.1.22 隧道内观察应在开挖工作面和已施工地段分别进行。开挖工作面应在每次开挖后进行观察和绘制地质素描图，进行数码照相，详细填写地质情况记录表，并与勘察设计资料对比。隧道内已施工地段应随时观察记录喷射混凝土、锚杆、钢架等的工作状态。

13.2 施工安全

13.2.1 加强施工现场安全教育，针对工程特点，进行安全全面教育与重点教育。

13.2.2　认真执行安全检查制度，实行定期检查、非定期检查、特定检查。

13.2.3　施工现场安全保证措施：

1）施工现场的布置符合防火、防洪、防雷电等安全规定；有防止行人、车辆等坠落的安全设施；危险地点悬挂按照《安全色》（GB 2893—2008）和《安全标志及其使用导则》（GB 2894—2008）规定的标牌，夜间有人经过的坑、洞设红灯示警，现场道路符合《工业企业厂内铁路、道路运输安全规程》（GB 4387—2008）的规定，施工现场设置大幅安全宣传标语。

2）现场的生产、生活区均设足够的消防水源和消防设施网点，消防器材设专人管理，不乱拿乱动。

3）各类房屋、库棚、料场等的消防安全距离符合国家或公安部门的规定，室内不堆放易燃品；严禁在木工加工场、料库、油库等处吸烟。

4）临时用电严格按照《施工现场临时用电安全技术规范》（JGJ 46—2005）的规定执行。

5）炸药的管理和使用严格按照爆破品的管理规定执行。

6）施工前，复查地下构筑物的埋设位置及走向，对周围的建筑物核其位置，并采取防护措施。当危及安全时，立即停止施工，待处理完毕后再施工。

7）施工运输时，对施工场地附近的交通进行疏导。

13.2.4　施工机械的安全保证措施：

1）各种机械操作人员和车辆驾驶员均须有操作合格证，专人专机；

2）操作人员严格执行工作前检查、工作中观察及工作后保养制度；

3）指挥施工机械作业人员，应站在通视安全地点，并明确规定指挥联络信号；

4）严禁酒后操作机械，严禁机械带病运转或超负荷运转；

5）机械设备在施工现场停放时，应选择安全的停放地点，夜间专人看管；

6）定期组织机电设备、车辆安全大检查。

13.2.5　吊运安全保证措施：

1）起吊前对龙门起重机作安全检算，各种设备置于工作井外稳定的地基上；

2）使用前对钢丝绳、卡具等进行检查验收，符合要求时才可使用；

3）提放吊斗时，上下有统一信号，专人指挥，严禁将吊斗吊空铲泥；

4）在起吊时，司机认真操作，严禁吊斗撞击工作井内设施；

5）夜间施工有充足的照明，遇到暴雨、大风、地面下沉等情况时停止施工；

6）起重机及卷扬机的性能指标满足起吊要求，并有一定的安全储备系数。

13.2.6　隧道开挖安全保证措施：

1）采用台阶法开挖，做好排水措施；

2）钢支撑安装前进行安全检算，满足刚度、强度的要求；钢支撑按设计位置及时进行安装，安装端部采取固定支托措施；设专人对支护结构和钢支撑进行变形观测监控。

13.2.7 确保环境安全和施工安全的监控量测措施：

1）成立监控量测小组，在项目总工程师的直接领导下工作；

2）监测组由经验丰富的技术、测量人员组成，并配备先进仪器设备；

3）编制详尽的监测实施性计划报送监理工程师审批，并组织有关人员学习研究，掌握监测技术以及监测仪器的使用、设置和维护；

4）保证各种监测仪器及传感器的精度和可靠性；

5）每个工程项目的监测保证有监测报告，并报送监理工程师审查；

6）严格按设计技术要求，制定监测方案，提出监测方法、监测精度、测点布置、观测周期等，上报监理工程师审批后实施；

7）做好监测布点，监测仪表检验，严格按规定频率进行监测；

8）认真做好监测记录，对监测数据及时分析处理，及时反馈；

9）在施工过程中采取有效措施，保护观测点和观测设施；

10）对一些观测项目，按照工程具体情况设定预警值；

11）隧道开挖轮廓变形采用施工现场日常巡视观察法、工程测量法、用测斜仪量测法相结合的监控措施，重要建筑物采用自动记录仪和警报装置；

12）对邻近建筑物的位移监测、地表沉降监测等以影响范围为监测范围，监测周期从开工前开始，到位移测定值收敛时终止。

13.2.8 应按照盾构生产厂家提供的设备说明书定期进行盾构及配套设备的保养与维修。

13.2.9 必须坚持“预防为主、状态检测、强制保养、按需维修、养修并重”的原则，由专业人员进行保养与维修。

13.2.10 对保养与维修工作应进行记录。

13.2.11 盾构长期停止掘进时，仍应进行保养与维修。

13.2.12 泥水式盾构和泥水运输应采用泥浆泵和管道组成的管道运输系统。

13.2.13 应根据最大起重质量对起重机提升能力和索具、挂钩、杆件强度等进行检算。

13.2.14 水平运输和垂直提升应有防溜、防坠落措施。

13.2.15 水平运输的轨道应保持平稳、顺直、牢固，并进行养护。

13.2.16 长距离掘进时，宜在适当位置设置会车道。

13.2.17 牵引设备的牵引能力应满足隧道最大纵坡和运输质量的要求。

13.2.18 车辆配置应满足出渣、进料及盾构掘进速度的要求。

13.2.19 垂直提升方式应根据工作井深度、盾构施工速度等因素综合考虑。

13.2.20 提升设备的提升能力应满足出渣、进料的要求。

13.2.21 垂直提升时，应根据安全需要采取稳定措施。

13.2.22 垂直提升通道内不得有任何障碍物。

13.3 环境保护

13.3.1 隧道施工应保护生态环境，施工中必须遵守污染物排放的国家标准和地方标准，防止隧道施工造成周边环境污染和破坏。隧道施工期间的环境保护措施和相关的设施应纳入实施性施工组织设计，落实在施工各个阶段进行设施的安装、施工，隧道施工期间设施同时运转，措施同时落实，并不断完善。

13.3.2 邻近江、河、水库等的隧道施工，应严格保护水源不流失。生活、生产污水不经处理不得直接排入江、河、水库。

13.3.3 隧道施工中要控制地下水的排放，防止过量排放造成地表生态环境的破坏。

13.3.4 防噪声扰民控制措施：

1）洞口段开挖应采用浅孔弱爆破，施工场地和运输线路利用地形尽量避开噪声和振动敏感区，施工机械应安设消声器，空压机、通风机等接近居民区时，应设置基础减振槽并采取隔声措施；

2）施工场界噪声按《建筑施工场界环境噪声排放标准》（GB 12523—2011）的要求控制；

3）采取措施，保证在各施工阶段尽量选用低噪声的机械设备和工法，并且在满足施工要求的条件下，尽量选择低噪声的机具；

4）在施工现场，对主要噪声源如旋挖钻、装载机、卷扬机等采用有效的吸声、隔声材料施作封闭隔声或隔声屏，使其对居民的干扰降至规定标准；

5）噪声超标时一定要采取措施，并按规定缴纳超标准排污费，对超标造成的危害，要向受此影响的组织和个人给予赔偿；

6）确定施工场地布局合理，优化作业方案，保证施工安排和场地布局，减少施工对周围居民生活的影响，减小噪声强度和敏感点受噪声干扰的时间，建立必要的噪声控制设施，如隔声屏障等；

7）自备发电机时做隔声处理，在有电力供应时不使用自备发电机；

8）合理安排施工计划，在特殊时间段（如高考期间）不进行有噪声的作业。

13.3.5 防振动扰民控制措施：

1）施工振动对环境的影响满足《城市区域环境振动标准》（GB 10070—1988）的要求；

2）根据敏感点的位置和保护要求选择施工机械和施工方法，最大限度地减少对周围的影响；

3）工程施工有可能会对地层产生扰动，引起建筑变形或区域沉陷，对邻近建筑物事先详查，做好记录，对可能的危害采取加固等预防措施；

4）其余控制措施与噪声控制基本相同。

13.3.6 隧道开挖应采用湿式凿岩，喷混凝土尽量采用湿喷工艺，施工机械优先采用电力驱动，内燃机械、车辆应加装消烟净化装置，尽量减少对周围环境的影响。

13.3.7 隧道施工的弃渣堆放应符合下列规定：

1）隧道开挖的废渣，应堆弃在当地有关部门许可的弃渣场内，如废渣中含有放射性物质，废渣排放后要立即按要求进行处理，弃渣场地应远离当地居民居住地点；

2）弃渣场应按设计修筑挡墙，有条件的地方应尽可能复耕，无复耕条件的地方应植草、植树，并修好排水沟，恢复原排水系统，避免诱发灾害的产生；

3）严禁将隧道的废渣弃在受洪水、泥石流、雪崩、滑坡等自然灾害影响的地段及居民居住点的上方，并不得堵塞河流及交通要道。

13.3.8 隧道内、外施工废水的排放应符合下列规定：

1）隧道内、外的施工废水不得直接排入河沟、河流及农田，应排在隧道洞口已按设计要求做好的污水处理池内；

2）隧道内、外的施工废水经污水处理池处理后，经检测达到《污水综合排放标准》（GB 8978—1996）或当地有关部门环保要求后方可排入河沟、河流及农田；

3）根据不同施工场地排水网的走向和过载能力，选择合适的排口位置和排放方式；

4）在工程开工前完成工地排水和废水处理设施的建设，并保证工地排水和废水处理设施在整个施工过程的有效性，做到现场无积水，排水不外溢、不堵塞，水质达标；

5）泥浆水产生处设沉淀池，沉淀池的大小根据排水量和所需沉淀时间确定；

6）在季节环保措施中制定有效的雨期排水措施；钻孔桩、旋喷桩施工现场配备有效的废浆处理设备；

7）根据实际施工情况，结合本地降雨特征，制定雨期排水方案，避免废水无组织排放、外溢、堵塞城市下水道等污染事故发生；

8）施工现场设置专用油漆、料库，库房地面做防渗漏处理，储存、使用、保管由专人负责，防止油料跑、冒、滴、漏污染土壤、水体；

9）弃土、弃浆按有关规定，弃至指定地点并加强运输车辆管理；弃土、弃浆的运输时间、运输路线、运输方法、堆放地点、堆放方式等严格按照有关部门的规定进行选择；弃土、弃浆场地按规定进行妥善保护，避免因弃土、弃浆引起排水不畅、污染水源等不良后果。

13.3.9 防止大气污染的控制措施：

1）粉尘、扬尘的作业面和装卸、运输过程，制定操作规程和洒水降尘制度，在旱季和大风天气适当洒水，保持湿度。

2）合理组织施工、优化工地布局，使产生扬尘的作业、运输尽量避开敏感点和敏感时段（室外活动人群较多的时段）。

3）严禁在施工现场焚烧任何含废弃物和会产生有毒有害气体、烟尘、臭气的物质，有害物质要使用封闭和带有烟气处理装置的设备。

4）对类似水泥的易飞扬细颗料散体材料，安排在临时库房存放或用彩条布遮盖；堆土场、散装物料露天堆放场要压实、覆盖，运输时采用彩条布遮盖或其他方式防止遗洒、飞扬；卸装时要小心轻放，不得抛洒，最大限度地减少扬尘。

5）选择合格的运输单位，做到运输过程中不散落。

6）为防止进出现场的车辆轮胎夹带物等污染周边公共道路，在出口处设立洗车台，清除车轮携土。

7）拆除车站内构筑物时要有防尘遮挡措施，在旱季适量洒水，施工期间现场一旦干燥、起尘，也应及时喷水，保持湿度，避免扬尘污染周围环境。

8）运输、施工作业所使用的车辆、机械均须通过当年机动车尾气检测，并获得合格证，且禁止因不良运行而产生施工机械的超负荷工作，保证机车尾气的标准排放。

9）施工前做好施工便道的规划设置，临时施工道路基层要夯实，路面要硬化。

13.3.10 固体废弃物的主要来源是工程弃土、建筑废料和生活垃圾，这些会对城市环境卫生造成影响，故采取的控制措施如下：

1）减少容易产生污染的材料的堆放时间和堆放量，并合理选定堆放场位置，对弃土进行洒水覆膜封闭，防止扬尘污染，同时在堆土场周围加护墙和护板；

2）制定泥浆和废渣的处理、处置方案，按照法规要求选择有资质的运输单位，及时清运施工弃土和余泥渣土，建立登记制度，防止中途倾倒事件发生并做到运输途中不散落；

3）选择对外环境影响小的出土口、运输线路及运输时间；

4）剩余料具、包装及时回收、清退，对可再利用的废弃物尽量回收利用，各类垃圾及时清扫、清运，不得随意倾倒，尽量做到每班清扫、每日清运；

5）施工现场内无废弃砂浆和混凝土，运输道路和操作面落地料及时清运，砂浆、混凝土倒运时应采取防散落措施；

6）严禁垃圾乱倒、乱卸，施工现场设垃圾站，各类生活垃圾按规定集中收集，由环卫部门及时清理、清运，一般要求每班清扫、每日清运。

13.3.11 防遗洒措施：

1）运输车辆进出场时，派专人清洗轮胎和车厢挡板，防止污染城市道路和市区环境；

2）外运土方车辆进行严密遮盖，出场时设专人清洗轮胎和车厢挡板，防止污染城市道路和市区环境；

3）运输车不得超量运载，运载工程土方最高点不超过车辆槽上沿 50 cm，边缘低于车辆槽帮上沿 10 cm，装载建筑渣土或其他散装材料不得超过槽帮上沿；

4）废泥浆外运采用专用车辆，指定专人管理，检查车辆的密封性能，并严禁在中途排放。

13.3.12 生态环境保护措施：

1）对城市绿化，在施工范围内严格按有关法规执行；临时占用绿地要经有关部门批复；砍伐或迁移树木要报批并交费，不得随意修剪树木；古树名木按要求进行特殊保护。

2）对门前屋后凡可进行绿化的地点应临时种植花草树木，并由专人挂牌维护管理，增加现场的美观度，调理职工的心绪。

3）施工场地应尽量绿化、硬化，工程竣工后应及时清理场地，恢复本来面貌。

4）随时跟踪气象预报，了解降雨时间和特点，以便在降雨前对施工现场的弃土及时进行清运、压实、覆盖，防止水土流失。

5）对地上和地下的建筑物等要防震、防毁和避让，不污染，不危及建筑物等的安全。发现地下文物，应保护现场，及时报告。

6）工程回填土堆施土质较松散，降雨前应采取压实、覆盖等措施。

7）执行有关规定，将废弃的土石方及时清运至规定的地方处置，以确保水土流失下降到最低限度。

8）进行土方施工时，根据施工现场平面合理设置排水设施，将施工泥砂和径流水经过沉淀后引入市政管网。

13.3.13 施工生产和生活用地应贯彻十分珍惜、合理利用和切实保护耕地的基本国策，坚持科学用地，坚持节约用地，坚持少占农田。

13.3.14 施工生产和生活用地使用结束后要做好复耕工作，将施工中曾经被占用或者破坏的土地，恢复或者基本恢复到原有的状态。

14 施工资料整理和验收

14.1 一般规定

14.1.1 宜利用计算机实现测量数据采集实时化、测量数据处理自动化、测量数据输出标准化，并建立监控量测数据库。

14.1.2 结合施工和现场环境状况对监控量测数据定期进行综合分析，并绘制变形时态曲线图。

14.1.3 宜选择与实测数据拟合较好的函数对时态曲线进行回归分析，并对变形趋势进行预测。

14.1.4 当实测变形值大于允许值变形的 2/3 时，必须及时通报建设、施工、监理等单位，并采取措施。

14.1.5 监控量测完成后应及时提供监测成果。

14.1.6 工程竣工后应提供监控量测技术总结报告。

14.2 混凝土管片验收

14.2.1 管片出厂时的混凝土强度与抗渗等级必须符合设计要求。

检查数量：应符合现行国家标准《混凝土结构工程施工质量验收规范》（GB 50204—2015）的规定。

检验方法：检查同条件混凝土试件的强度和抗渗报告。

14.2.2 管片混凝土外观质量不应有严重缺陷，管片外观质量缺陷等级见表 14.2.2。

检查数量：全数检查。

检验方法：观察或尺量。

表 14.2.2　混凝土管片外观质量缺陷等级

缺陷	缺陷描述	等级
露筋	管片内钢筋未被混凝土包裹而外露	严重缺陷
蜂窝	混凝土表面缺少水泥砂浆而形成石子外露	严重缺陷
孔洞	混凝土内孔穴深度和长度均超过保护层厚度	严重缺陷
夹渣	混凝土内夹有杂物且深度超过保护层厚度	严重缺陷
疏松	混凝土中局部不密实	严重缺陷
裂缝	可见的贯穿裂缝	严重缺陷
	长度超过密封槽、宽度大于 0.1 mm，且深度大于 1 mm 的裂缝	严重缺陷
	非贯穿性干缩裂缝	一般缺陷
外形缺陷	棱角磕碰、飞边等	一般缺陷
外表缺陷	密封槽部位在长度 500 mm 的范围内存在直径大于 5 mm、深度大于 5 mm 的气泡，并且数量大于 5 个	严重缺陷
	管片表面麻面、掉皮、起砂、存在少量气泡等	一般缺陷

14.2.3　存在一般缺陷的管片数量不得大于同期生产管片总数量的 10%，并由生产厂家按技术要求处理后重新验收。

检查数量：全数检查。

检验方法：观察、检查技术处理方案。

14.2.4　管片成品检漏测试应按设计要求进行。

检查数量：管片每生产 100 环应抽查 1 块管片做检漏测试，连续 3 次达到检测标准，则改为每生产 200 环抽查 1 块管片，再连续 3 次达到检测标准，按最终检测频率为 400 环抽查 1 块管片做检漏测试。如出现一次不达标，则恢复每 100 环抽查 1 块管片的最初检测频率，再按上述要求进行抽检。当检漏频率为每 100 环抽查 1 块管片时，如出现不达标，则双倍复检，如再出现不达标，须逐块检测。

检验方法：观察、尺量。

14.3　管片模具

14.3.1　在浇筑混凝土之前，应对模具进行检验。浇筑混凝土时，应对模具进行观察和维护。

检查数量：全数检查。

检验方法：观察。

14.3.2 模具内表面应均匀涂刷脱模剂，模具夹角处不得漏涂、不得积聚，钢筋骨架、预埋配件严禁接触脱模剂。

检查数量：全数检查。

检验方法：观察。

14.3.3 模具接缝处不应漏浆。

14.3.4 应选用质量稳定、适合喷涂、脱模效果好的水质脱模剂，严禁使用机油、柴油代替脱模剂。

14.3.5 组模前应认真清理模具，清理后模具内表面任何部位不得有残留杂物、浮锈。

检查数量：全数检查。

检验方法：观察。

14.3.6 螺栓孔预埋件、吊装孔预埋件和模具接触面应密封良好。

检查数量：全数检查。

检验方法：观察。

14.3.7 固定在模具上的预埋件不得遗漏，且应安装牢固。

检查数量：全数检查。

检验方法：观察。

14.3.8 模具每周转 100 次必须进行检验，且结果应符合规定。

14.3.9 出模时应保证管片表面及棱角不受损伤。

检查数量：全数检查。

检验方法：观察。

14.4 混凝土

14.4.1 混凝土原材料的验收条款应执行《混凝土结构工程施工质量验收规范》（GB 50204—2015）中的有关规定，对于掺合料，其质量应符合Ⅱ级以上粉煤灰或S75 级以上磨细矿渣的性能，严禁采用高钙粉煤灰。

14.4.2 混凝土配合比设计依照《混凝土结构工程施工质量验收规范》（GB 50204—2015）中的有关规定验收。

14.4.3 管片混凝土的强度等级必须符合设计要求。用于检查管片混凝土强度试件的取样和留置执行《混凝土结构工程施工质量验收规范》（GB 50204—2015）中的有关规定。

14.4.4 混凝土抗渗试件应在浇筑地点随机取样。

检查数量：同一配合比的混凝土，每 30 环留置抗渗试件一组，试验结果必须符合设计要求。

检验方法：检查试件抗渗试验报告。

14.5 成型隧道验收

14.5.1 结构表面无裂缝、无缺棱掉角，管片接缝符合设计要求。

检查数量：全数检查。

检验方法：观察检验，检查施工日志。

14.5.2 隧道防水符合设计要求。

检查数量：逐环检查。

检验方法：观察检验，检查施工日志。

14.5.3 衬砌结构不应侵入建筑限界。

检查数量：每 5 环检查 1 次。

检验方法：全站仪、水准仪测量。

14.5.4 隧道轴线平面位置和高程偏差应符合表 14.5.4 的规定。

表 14.5.4 隧道轴线平面位置和高程偏差

序号	项目	允许偏差 /mm			检验方法	检查频率
		地铁隧道	公路隧道	水工隧道		
1	隧道轴线平面位置	±100	±150	±150	用全站仪测中线	10 点 / 环
2	隧道轴线高程	±100	±150	±150	用水准仪测高程	10 点 / 环

14.5.5 隧道允许偏差应符合表 14.5.5 的规定。

表 14.5.5 隧道允许偏差

序号	项目	允许偏差 /mm			检验方法	检查频率
		地铁隧道	公路隧道	水工隧道		
1	衬砌环直径椭圆度	±6‰D	±8‰D	±10‰D	尺量后计算	10 点 / 环

续表

序号	项目	允许偏差 /mm			检验方法	检查频率
		地铁隧道	公路隧道	水工隧道		
2	相邻管片径向错台	10	12	15	尺量	4 点 / 环
3	相邻管片环向错台	15	17	20	尺量	1 点 / 环
注：*D*——隧道的外直径（mm）						

14.6 管片拼装工程验收

14.6.1 管片拼装应严格按设计要求进行，管片无内外贯穿裂缝，无大于 0.2 mm 的推顶裂缝及混凝土剥落现象。

检查数量：逐片检查。

检验方法：用刻度放大镜检查。

14.6.2 管片防水密封条质量应符合设计要求，无缺损，黏结牢固，平整，防水垫圈无遗漏。

检查数量：逐片检查。

检验方法：检查施工日志，检查材料合格证和试验报告。

14.6.3 螺栓质量及拧紧度必须符合设计要求。

检查数量：逐根检查。

检验方法：扳手紧固检查，检查材料合格证或试验报告。

14.6.4 施工中管片拼装允许偏差和检验方法应符合表 14.6.4 的规定。

表 14.6.4 管片拼装允许偏差

序号	项目	允许偏差 /mm			检验方法	检查频率
		地铁隧道	公路隧道	水工隧道		
1	衬砌环直径椭圆度	±5‰ *D*	±6‰ *D*	±8‰ *D*	尺量后计算	4 点 / 环
2	隧道圆环平面位置	±50	±60	±80	用经纬仪测中线	1 点 / 环
3	隧道圆环高程	±50	±60	±80	用水准仪测高程	1 点 / 环
4	相邻管片径向错台	5	6	8	尺量	4 点 / 环

续表

序号	项目	允许偏差 /mm			检验方法	检查频率
		地铁隧道	公路隧道	水工隧道		
5	相邻管片环向错台	6	7	9	尺量	1 点 / 环
注：D——隧道的外直径（mm）						

14.7 盾构成型隧道验收说明

14.7.1 当承发包合同和设计文件对施工质量的要求高于本指南的规定时，验收时应以承发包合同和设计文件为准。盾构法隧道工程施工期间，应对邻近建（构）筑物、地下管网进行监测，对重要的有特殊要求的建（构）筑物，应及时采取注浆、加固、支护等技术措施，保证邻近建（构）筑物、地下管网的安全。

14.7.2 相关单位应有质量验收记录和施工质量验收程序与组织。其中，检验层次为：生产班组的自检、交接检，施工单位质量检验部门的专业检查和评定，监理单位（建设单位）组织的验收。

14.7.3 在施工过程中，各工序均应得到监理单位（建设单位）的检查认可，以避免质量缺陷累积造成更大损失。根据有关规范和工程合同的规定，对工程质量起重要作用或有争议的检验项目，应由各方参与见证检测，以确保施工过程中关键部位的质量得到保证。

14.7.4 管片钢筋分项工程质量验收记录见表 14.7.4。

14.7.5 管片成品分项工程质量验收记录见表 14.7.5。

表 14.7.4　管片钢筋分项工程质量验收记录

工程名称：

<table>
<tr><td colspan="4">管片钢筋分项工程质量验收记录</td><td colspan="4">编号</td><td colspan="5"></td></tr>
<tr><td colspan="2">钢筋骨架编号</td><td colspan="2"></td><td colspan="4">验收数量</td><td colspan="5"></td></tr>
<tr><td colspan="2">生产单位</td><td colspan="2"></td><td colspan="4">日期</td><td colspan="5"></td></tr>
<tr><td rowspan="5">主控项目</td><td colspan="8">项目</td><td colspan="4">质量检查结果</td></tr>
<tr><td>1</td><td colspan="7">钢筋原材料力学性能检验，其质量必须符合有关标准的规定</td><td colspan="4">□合格　□不合格</td></tr>
<tr><td>2</td><td colspan="7">受力钢筋弯折和箍筋制作，其质量必须符合有关标准的规定</td><td colspan="4">□合格　□不合格</td></tr>
<tr><td>3</td><td colspan="7">按规定抽取受力钢筋焊接接头做力学性能检验，其质量应符合有关规定</td><td colspan="4">□合格　□不合格</td></tr>
<tr><td>4</td><td colspan="7">钢筋骨架安装时，受力钢筋的品种、级别、规格和数量必须符合设计要求</td><td colspan="4">□合格　□不合格</td></tr>
<tr><td rowspan="13">一般项目</td><td rowspan="2">序号</td><td rowspan="2">项目</td><td rowspan="2">允许偏差 /mm</td><td colspan="9">实测值</td></tr>
<tr><td>1</td><td>2</td><td>3</td><td>4</td><td>5</td><td>6</td><td>7</td><td>8</td><td>9</td></tr>
<tr><td>1</td><td>钢筋剪切</td><td>±10</td><td></td><td></td><td></td><td></td><td></td><td></td><td></td><td></td><td></td></tr>
<tr><td>2</td><td>主筋弯折点位置</td><td>±15</td><td></td><td></td><td></td><td></td><td></td><td></td><td></td><td></td><td></td></tr>
<tr><td>3</td><td>箍筋弯折尺寸</td><td>±5</td><td></td><td></td><td></td><td></td><td></td><td></td><td></td><td></td><td></td></tr>
<tr><td>4</td><td>受力主筋间距</td><td>±5</td><td></td><td></td><td></td><td></td><td></td><td></td><td></td><td></td><td></td></tr>
<tr><td>5</td><td>加强筋位置</td><td>±5</td><td></td><td></td><td></td><td></td><td></td><td></td><td></td><td></td><td></td></tr>
<tr><td>6</td><td>受力主筋保护层厚</td><td>＋5，－3</td><td></td><td></td><td></td><td></td><td></td><td></td><td></td><td></td><td></td></tr>
<tr><td>7</td><td>箍筋间距</td><td>±10</td><td></td><td></td><td></td><td></td><td></td><td></td><td></td><td></td><td></td></tr>
<tr><td>8</td><td>分布筋间距</td><td>±5</td><td></td><td></td><td></td><td></td><td></td><td></td><td></td><td></td><td></td></tr>
<tr><td>9</td><td>钢筋骨架长</td><td>＋5，－10</td><td></td><td></td><td></td><td></td><td></td><td></td><td></td><td></td><td></td></tr>
<tr><td>10</td><td>钢筋骨架宽</td><td>＋5，－10</td><td></td><td></td><td></td><td></td><td></td><td></td><td></td><td></td><td></td></tr>
<tr><td>11</td><td>钢筋骨架高</td><td>＋5，－10</td><td></td><td></td><td></td><td></td><td></td><td></td><td></td><td></td><td></td></tr>
<tr><td colspan="2">资料</td><td colspan="11">相关资料检查：　项　　检查结果：□合格　□不合格</td></tr>
<tr><td rowspan="2">检验结果</td><td colspan="2">主控项目</td><td colspan="10">检查：　项，□符合　□不符合设计和验收标准要求</td></tr>
<tr><td colspan="2">一般项目</td><td colspan="10">实测：　点，其中合格率：　%</td></tr>
<tr><td colspan="3">验收结论</td><td colspan="10">□合格　□不合格</td></tr>
<tr><td rowspan="3">签字栏</td><td colspan="3">建设（监理）单位</td><td colspan="9">生产单位</td></tr>
<tr><td colspan="3" rowspan="2"></td><td colspan="5">技术负责人</td><td colspan="4">质量检查员</td></tr>
<tr><td colspan="5"></td><td colspan="4"></td></tr>
</table>

表 14.7.5 管片成品分项工程质量验收记录

管片成品分项工程质量验收记录		编号	
钢筋骨架编号		验收数量	
管片编号			
生产单位		日期	

		项目	质量检查结果
主控项目	1	混凝土主要原材料复试，碱含量控制应符合国家的有关规定	□合格 □不合格
	2	管片按规定进行检漏试验，其质量必须符合有关规定	□合格 □不合格
	3	混凝土抗压强度、抗渗等级必须符合设计要求	□合格 □不合格

	序号	项目	允许偏差 /mm	实测值								
				1	2	3	4	5	6	7	8	9
一般项目	1	管片宽度	±1									
	2	管片弧、弦长	±1									
	3	管片厚度	＋3，－1									

	序号	项目	质量检查结果
一般项目	4	掺合料符合《用于水泥和混凝土中的粉煤灰》（GB/T 1596—2017）等标准的规定	□合格 □不合格
	5	外加剂符合相应标准的规定	□合格 □不合格
	6	混凝土用水符合《混凝土用水标准》（JGJ 63—2006）的规定	□合格 □不合格
	7	配比开盘鉴定，混凝土工作性能满足施工组织设计的要求	□合格 □不合格
	8	混凝土蒸汽养护升温、恒温和降温符合标准要求	□合格 □不合格
	9	模具拆除强度符合验收标准要求	□合格 □不合格
	10	养护和场地存放符合验收标准要求	□合格 □不合格
	11	防水密封条粘贴符合验收标准要求	□合格 □不合格

资料	相关资料检查： 项 检查结果：□合格 □不合格		
检验结果	主控项目	检查： 项，□符合 □不符合设计和验收标准要求	
	一般项目	实测： 点，其中合格率： %	
验收结论		□合格 □不合格	
签字栏	建设（监理）单位	生产单位	
		技术负责人	质量检查员

附件　盾构施工过程控制表式清单

表 1　盾构施工过程质量控制施工任务单

日期　　年　月　日

<table>
<tr><td>工程名称</td><td></td><td>工程部位名称</td><td></td></tr>
<tr><td>工程工序名称</td><td colspan="3"></td></tr>
<tr><td>交底组织单位</td><td colspan="3"></td></tr>
<tr><td colspan="4">本班工作内容：</td></tr>
<tr><td colspan="4">本班安全注意事项：</td></tr>
<tr><td colspan="4">本班施工质量要求：</td></tr>
<tr><td colspan="4">备注：</td></tr>
</table>

表 2　盾构施工过程质量控制螺栓、橡胶止水带、衬垫进场验收记录表

验收日期：　　年　　月　　日

<table>
<tr><th colspan="2" rowspan="2">检查项目</th><th rowspan="2">验收数量</th><th rowspan="2">质保书编号</th><th colspan="2">检查结果</th><th rowspan="2">备注</th></tr>
<tr><th>合格</th><th>不合格</th></tr>
<tr><td rowspan="2">螺栓</td><td>螺杆直径、弧长符合标准（抽检）</td><td></td><td></td><td></td><td></td><td rowspan="2">在有问题的地方做“○”标记</td></tr>
<tr><td>螺栓表面涂层均匀、无浮锈</td><td></td><td></td><td></td><td></td></tr>
<tr><td rowspan="3">橡胶止水带</td><td>外观和任何断面都必须质密、均匀、无裂缝、无孔隙或凹痕等缺陷，厚薄有油漆标记</td><td></td><td></td><td></td><td></td><td rowspan="3">在有问题的地方做“○”标记</td></tr>
<tr><td>外形平整、接头良好</td><td></td><td></td><td></td><td></td></tr>
<tr><td>清洁、无油污</td><td></td><td></td><td></td><td></td></tr>
<tr><td rowspan="2">衬垫</td><td>衬垫表面平整，断面质密、均匀</td><td></td><td></td><td></td><td></td><td rowspan="2">在有问题的地方做“○”标记</td></tr>
<tr><td>厚度、宽度符合要求</td><td></td><td></td><td></td><td></td></tr>
</table>

表3 盾构施工过程质量控制管片、橡胶止水带、衬垫质量验收记录表

环号	管片				橡胶止水带			衬垫		验收人	日期
	型号	外观质量									
	管片型号是否成环并和要求进场管片型号相同	无缺角掉边现象	管片无裂缝	修补情况良好	外形平整、无缺损	清洁、无油污	粘贴牢固、位置准确	衬垫表面平整、无剥落	粘贴牢固、位置准确		

备注：1．本表由涂料班人员填写；

2．在有问题的地方做“○”标记

表 4　盾构施工过程质量控制管片、橡胶止水带、衬垫质量验收记录表

班组	环号	管片				橡胶止水带			衬垫		验收人	日期
		型号	外观质量									
		管片型号是否成环并和要求进场管片型号相同	无缺角掉边现象	管片无裂缝	修补情况良好	外形平整、无缺损	清洁、无油污	粘贴牢固、位置准确	衬垫表面平整、无剥落	粘贴牢固、位置准确		

表 5　盾构施工过程质量控制拌浆记录表

同步注浆管片编号：　　　　　　　　　　　　　　　　　　　　　　　　　　日期：　　年　　月　　日

<table>
<tr><td>时间</td><td>拌浆量 /m^{-3}</td><td>水泥 /kg</td><td>膨润土 /kg</td><td>粉煤灰 /kg</td><td>砂 /kg</td><td>水 /L</td><td>记录人</td></tr>
<tr><td></td><td></td><td></td><td></td><td></td><td></td><td></td><td></td></tr>
<tr><td></td><td></td><td></td><td></td><td></td><td></td><td></td><td></td></tr>
<tr><td></td><td></td><td></td><td></td><td></td><td></td><td></td><td></td></tr>
<tr><td></td><td></td><td></td><td></td><td></td><td></td><td></td><td></td></tr>
<tr><td colspan="8">设计配比（1 m^3）</td></tr>
<tr><td>水泥 /kg</td><td colspan="2">膨润土 /kg</td><td colspan="2">粉煤灰 /kg</td><td>砂 /kg</td><td colspan="2">水 /L</td></tr>
<tr><td>50</td><td colspan="2">50</td><td colspan="2">726</td><td>550</td><td colspan="2">适量</td></tr>
<tr><td colspan="7">试样抽检记录</td><td>记录人</td></tr>
<tr><td></td><td></td><td></td><td></td><td></td><td></td><td></td><td></td></tr>
<tr><td></td><td></td><td></td><td></td><td></td><td></td><td></td><td></td></tr>
</table>

表 6　盾构施工过程质量控制拌浆记录表

补压浆单液浆浆液管片编号：　　　　　　　　　　　　　　　　　　　　　　日期：　　年　　月　　日

<table>
<tr><td rowspan="2">时间</td><td rowspan="2">拌浆量 /m^3</td><td colspan="3">配合比</td><td rowspan="2">记录人</td></tr>
<tr><td>水泥 /kg</td><td>粉煤灰 /kg</td><td>水 /L</td></tr>
<tr><td></td><td></td><td></td><td></td><td></td><td></td></tr>
<tr><td></td><td></td><td></td><td></td><td></td><td></td></tr>
<tr><td></td><td></td><td></td><td></td><td></td><td></td></tr>
<tr><td></td><td></td><td></td><td></td><td></td><td></td></tr>
<tr><td colspan="6">设计配合比</td></tr>
<tr><td colspan="2">水泥</td><td colspan="2">粉煤灰</td><td colspan="2">水</td></tr>
<tr><td colspan="2">1</td><td colspan="2">3</td><td colspan="2">适量</td></tr>
<tr><td colspan="5">稠度抽检记录</td><td></td></tr>
<tr><td></td><td colspan="2"></td><td></td><td></td><td></td></tr>
</table>

表 7　盾构施工过程质量控制盾构注浆记录表

班组	日期	掘进环号	注浆管	开始时间	结束时间	浆液初凝时间/s	初凝质量	注浆量/m	压力/MPa		注浆比例（上：下）	备注	记录人
									上	下			

表 8　盾构施工过程质量控制盾构推进记录表

日期：　　年　　月　　日

班组	日期	环号	箱数	土压		推进速度/（cm·min^{-1}）	总推力/kN	螺旋机转数		螺旋机压力		刀盘转速	刀盘扭矩/%		千斤顶编组	千斤顶行程/mm				记录人
				设定土压/MPa	实际土压/MPa			左	右	左	右		左	右		3 号	8 号	25 号	30 号	

表 9　盾构推进加泥、加水、加泡沫记录表

班组	日期	环号	加泥、加水或加泡沫	加泥、加水或加泡沫压力/MPa	加泥量、加水量或加泡沫量/m^3	加泥、加水或加泡沫位置			记录人
						刀盘前	土仓	螺旋机	

表 10　盾构施工过程质量控制隧道轴线测量记录汇总表

环号	切口里程	盾构平面		盾构高程				盾构坡度	转角	管片里程	管片平面	管片高程		管片直径			测量人员	日期
		切口	盾尾	切口		盾尾								垂直		水平		
				左	右	左	右					左	右	左	右			

表 11　盾构施工过程补压浆记录表

班组	时间	压浆环号	补压浆量	注浆流量	注浆压力	压浆位置	记录人

表 12　盾构施工过程质量控制当班施工记录表

日期：　　年　　月　　日

工程名称		工程部位名称	
工程工序名称			
工程汇报单位			
上班遗留问题：			
本班工作情况：			
本班安全情况：			
本班施工质量情况：			
备注：			